21 世纪高职高专规划教材

高等职业教育规划教材编委会专家审定

汽油发动机电控系统诊断与修复

主　编　赵文天

副主编　蔡月萍　刘正保

主　审　李文时

北京邮电大学出版社

www.buptpress.com

内 容 提 要

本书是高职教育汽车运用技术专业十二五规划教材，也是汽车运用技术试点专业课程改革教材。根据高职教育课程改革的需求，按照任务驱动，项目推进的教学理念，主要内容设计为三大学习领域（工作任务），每个教学领域由若干个学习情景（教学项目）组成，实现一体化教学。

本书主要内容包括：汽车检测仪器诊断法、汽油发动机电子控制系统传感器电路故障检测、汽油发动机电子控制系统执行器电路故障检测。

本书供高等职业院校汽车类相关专业教学使用，也可作为相关行业岗位培训或汽车维修人员学习、参考。

图书在版编目（CIP）数据

汽油发动机电控系统诊断与修复/赵文天主编. --北京：北京邮电大学出版社，2012.2

ISBN 978-7-5635-2826-4

Ⅰ.①汽… Ⅱ.①赵… Ⅲ.①汽车—发动机—电气控制系统—故障诊断—高等职业教育—教材②汽车—发动机—电气控制系统—车辆修理—高等职业教育—教材 Ⅳ.①U472.43

中国版本图书馆CIP数据核字(2011)第229931号

书　　名：汽油发动机电控系统诊断与修复
著作责任者：赵文天
责 任 编 辑：周虹霖
出 版 发 行：北京邮电大学出版社
社　　址：北京市海淀区西土城路10号（邮编：100876）
发 行 部：电话：010-62282185　传真：010-62283578
E-mail：publish@bupt.edu.cn
经　　销：各地新华书店
印　　刷：北京源海印刷有限责任公司
开　　本：787 mm×1 092 mm　1/16
印　　张：8.5
字　　数：204千字
印　　数：1—3 000册
版　　次：2012年2月第1版　2012年2月第1次印刷

ISBN 978-7-5635-2826-4　　定　价：20.00元

前　言

随着汽车工业的不断快速发展，轿车进入家庭，汽车的保有量急剧增加，极大地促进了汽车后市场的快速发展。如今汽车已成为机、电、液一体的高科技集成物，尤其电子产品和电子控制技术广泛的应用，对维修人员提出了更高的要求，社会急需大量高级汽车维修技术和管理型紧缺人才。

本书基于工作过程的课程开发思路，突出能力培养，突出学生主体，体现工学结合，以任务驱动，项目推进，实现一体化教学，并渗透素质教育。根据车间工作任务本书包含：汽车检测仪器诊断法、汽油发动机电子控制系统传感器电路故障检测、汽油发动机电子控制系统执行器电路故障检测三个工作任务。

本书以威驰轿车电子控制系统为主，介绍了电子控制系统的检测与维修方法，帮助维修人员理清故障诊断检测的思路，具有较强的针对性和实用性。可作为高职高专汽车类相关专业教材，也可作为中职汽车运用于维修专业的教材，同时也可作为汽车高级维修工培训教材。

本书由赵文天主编，李文时主审。参加编写的还有蔡月萍、刘正保。本书在编写过程中得到了有关领导和老师的大力支持，同时也得到康南丰田汽车销售服务有限公司有关技术人员的大力帮助，在此一并表示诚挚的感谢。

由于时间仓促，加之编者水平有限，书中难免存在不足之处，恳请读者给予批评指正。

编　者

目　录

汽车检测仪器诊断法 学习领域一

车间工作任务　汽车故障指示灯常亮不灭，使用检测仪进行检测

学习情境一　利用解码器读取故障代码

任务引领：有一辆丰田威驰轿车，行驶 50 000 千米，汽车行驶过程中故障指示灯点亮，发动机熄火后，再启动，故障灯仍然点亮，要求检测诊断。

告知学生：

一、教学内容

利用解码器读取故障代码。

二、教学目标

能力目标：①知道解码器的使用方法；②能够利用解码器读取和清除故障码；③能够利用解码器做有关执行元件的测试。

知识目标：①知道解码器的功用；②理解自诊断的原理和作用。

情感目标：①规范操作能力；②交流沟通能力；③团结协作能力。

其他目标：①安全操作能力；②自我学习能力；③创造能力。

实 施 教 学

一、知识铺垫

（一）汽车自诊断系统

汽车电子控制装置都设有“故障自诊断”系统，它以代码的形式储存于电控单元(ECU)的存储器中，并根据有关信号不断地监控整个系统的工作情况。当它检测到某系统有故障时，便以故障指示灯显示。

1. 自诊断系统的工作原理

电子控制系统工作时，正常的输入、输出信号都在规定的范围内变化。当某一电路出现异常值或输入电控单元不能识别的信号时，电控单元就可以判定为发生故障。如发动机冷却液温度传感器正常工作时，水温工作范围设定在－30～120 ℃(各种车辆可能有所不同)，冷却液温度传感器输出电压值在 0.3～4.7 V 范围内变化，如果超出此范围，即判定为故障，

并以代码的形式存储于存储器中。

执行器不能正常工作，其故障由监控回路把信息传输给电控单元，由电控单元进行故障显示。如当电子点火器中的功率三极管不能正常工作时，点火器内的点火监视器就不能得到功率三极管的正常工作信号，因此，点火监视器就不能把正常的信号反馈到电控单元。电控单元得不到点火器的反馈信号，就判定为点火系统发生故障。

电子控制单元故障判定，电子控制单元内设监控回路，用以监视电控单元是否按正常的控制程序工作。在监控回路内设有监视时钟，按时对电控单元进行复位。当电控单元发生故障时，程序不能正常执行，时钟不能使电控单元复位，造成溢出，据此判定为故障，并予以显示。

发动机在正常工作中，如果偶然出现一次不正常的信号，电控单元不会判定为故障，只有不正常信号持续一定的时间或多次出现，才判定为故障。故障信号的出现，不只是与传感器或执行器本身出现的故障有关，而且还与相应的配线电路有关。因此，在查找故障原因时，除了检查传感器之外，还要检查线束、插接件以及传感器与控制单元之间的有关电路。

2. 自诊断系统的类型

OBD-ⅰ：第一代自诊断系统。各车型自成体系、种类繁多、不能通用，不能使用统一的专用仪器，给维修带来很大的不便。

OBD-ⅱ：第二代自诊断系统。该系统具有统一的故障诊断插座和统一的故障代码，并统一将诊断插座安装在驾驶室仪表板的下方，只要用一台仪器即可对各汽车制造厂家生产的各种型号的电控汽车进行诊断。第二代诊断插座统一为16针插座，如图1-1所示。

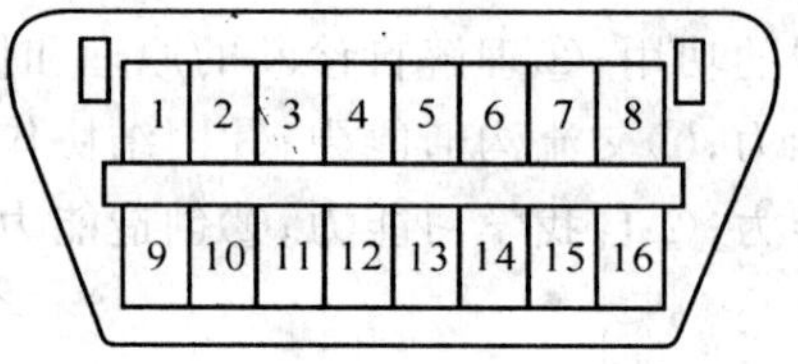

图1-1 第二代诊断插座图

OBD-ⅱ诊断插座各端子代号的含义见表1-1所示。

表1-1 OBD-ⅱ诊断插座各端子代号的含义

端子号	含义	端子号	含义
1	供制造厂用	9	供制造厂用
2	美国款车诊断用	10	美国款车诊断用
3	供制造厂用	11	供制造厂用
4	车身搭铁	12	供制造厂用
5	信号回路搭铁	14	供制造厂用
6	供制造厂用	14	供制造厂用
7	欧洲款车诊断用	15	欧洲款车诊断用
8	供制造厂用	16	接蓄电池正极

故障代码组成:故障代码由 4 部分组成,如:P 0 1 01。

第一部分用英文字母表示:

P——发动机和变速器控制单元;

C——底盘控制单元;

B——车身控制单元;

U——未定义。

第二部分用数字表示:

0——代表美国汽车工程师学会(SAE)定义的故障码;

1,2,3,…,8——汽车制造厂自行定义的故障码。

第三部分用数字表示:

1 和 2——燃料和进气系统的故障;

3——点火系统故障或发动机间歇熄火;

4——废气控制系统故障;

5——怠速控制系统故障;

6——电控单元和执行元件的故障;

7 和 8——电控自动变速器系统故障。

第四部分用数字表示:

01,01,03…表示汽车制造厂对故障编制的顺序号。

(二)解码器

解码器的功用就是将故障代码从电子控制单元中读出,为检修人员提供参考。

解码器有通用型和专用型两种。专用解码器只能检测指定的车型,是汽车制造厂商为自己生产的车型设计的专用解码器。专用解码器适用车型单一,但功能要强于通用型解码器,各车型的特约维修站均配置该车型的专用解码器。如德国大众公司的专用解码器 V. A. G1552,美国通用公司的 TECH 2,日本本田公司的 HHT,奔驰 STAR-2000,宝马 MODIS-3 等。

通用型解码器适用的车型广,基本上涵盖了美、欧、亚及我国国产车系,其功能与专用型解码器相近,能够满足用户的需求。通用型解码器种类较多,下面以金德 K81 为例介绍解码器的结构和主要功能。

1) 解码器结构。不论是通用型还是专用型解码器,其结构组成基本相同,主要由主机、电源、测试接头、测试线四部分组成。如图 1-2 所示。

主机:主机上布置有 0~9 数字键和若干个功能键,用户可通过按键操作来实现人机对话。测试结果显示在主机屏幕上。

电源:为主机提供能量支持,国内产品一般采用汽车电源作为供电设备,国外部分产品内装的是锂电池。

测试接头:每种车型都可能有不同的自诊断座(DLC),不同的车型选择不同的测试接头。

测试线:连接主机和测试接头的连接线。

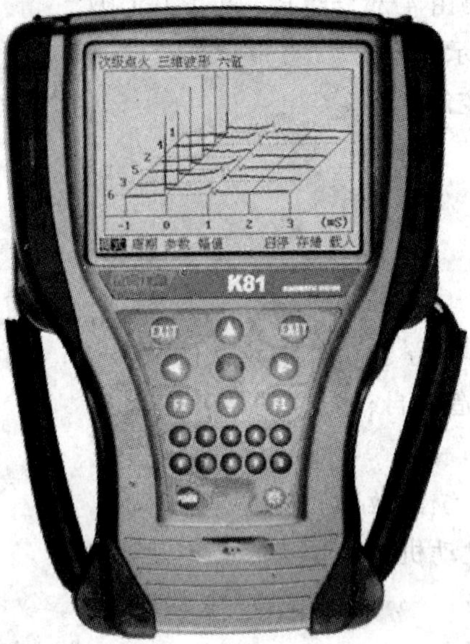

图 1-2 解码器实物图

2）解码器功能。解码器的功能分为基本测试功能和特殊测试功能。基本测试功能包括：读取故障码、清除故障码；特殊测试功能包括：动态数据流测试、静态数据流测试、执行元件测试、基本设定、控制单元编码等。

读取故障码：解码器能读出存储在电子控制单元中的故障码，并显示在显示屏上。

清除故障码：汽车故障排除后，必须清除故障码，解码器能够方便、快捷地清除储存在电子控制单元中的故障码。

动态数据流测试：在车辆运行当中，使用解码器可以将电子控制单元检测到的电控系统中各项动态参数记录下来。如发动机转速、车速、水温、节气门位置、进气压力（或进气量）、点火提前角、喷油脉冲、占空比、氧传感器信号等。

静态数据流测试：发动机不工作时，使用解码器可以将电子控制单元检测到的电控系统中各项参数记录下来。如发动机转速、车速、水温、节气门位置、进气压力（或进气量）、点火提前角、喷油脉冲、占空比、氧传感器信号等。

执行元件测试：该功能可以检查执行元件的工作状态。如可以检查燃油泵继电器、废气再循环阀、喷油器、空调离合器、怠速控制阀、A/T 电磁阀等执行元件是否工作。

基本设定：该功能可以对电控系统进行基本设定。当电控系统某些部件维修后，或更换电子控制单元后，由于电控系统中的初始值发生变化，所以必须进行重新设定。如点火正时的设定，节气门控制部件与电子控制单元的匹配，发动机开闭环控制等。

控制单元编码：如果控制单元编码没有显示或更换了控制单元之后，必须对控制单元进行编码。如果发动机计算机编码错误，将导致油耗增大，变速器寿命缩短，直至发动机无法启动。

音响解码功能：利用该功能，可以方便快捷地查看常见车型的音响密码输入方法和汽车音响常用知识及应用技巧。

二、进行检测

1. 车辆及检测仪准备

安装防护用品；检查检测仪；连接检测仪线缆；找到汽车自诊断连接器。

2. 检测

把解码器连接到故障诊断插座，并打开电源开关，如图 1-3 所示。操作流程：打开点火开关，但不启动发动机，操作解码器菜单进入，读取故障码。

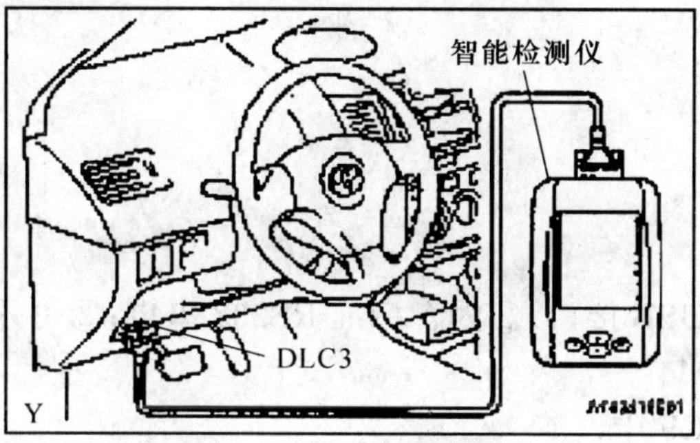

图 1-3 解码器连接图

3. 技能训练

1）放置车轮挡块，安装翼子板布，安装前格栅布，安装地板垫，安装方向盘套，拉紧手刹；

2）连接好测试接头与解码器，把测试接头与故障诊断座连接，开启解码器电源按钮；

3）打开点火开关，不启动发动机，进入诊断系统；选择车型，选择诊断座形式，进入发动机和变速器系统，读取故障码，显示屏显示故障代码；显示故障代码为 P0110，其含义为进气温度传感器及其线路出现故障。

4. 拆卸整理

取下解码器，拆下防护用品，清洁整理工具，清洁场地。

5. 总结

要读取故障码，首先要知道检测仪的使用方法和自诊断系统的原理，并且知道诊断座的位置和故障码的含义；做好检测前的准备工作；正确连接检测仪；按照检测仪的提示菜单进入检测程序；读出故障码并初步判断故障原因。

利用解码器读出故障码，但不能确定故障的部位，还需进一步的检测和判断。

三、知识拓展

KT600——汽车维修技能大赛专用产品。

KT600 智能诊断仪是集多种功能于一体的新型诊断设备。该产品为国内首创，包含了大多数原厂通信协议及控制器局域网（CAN）的通信协议，可扩充性强。配备超大容量的 CF 卡，可随意扩充升级程序，实时保存诊断结果。带有精密的微型打印机，可实时打印诊断报告。彩色大屏幕，触摸屏操作，非常直观明了。实时检测点火系统、传感器、执行器等波形，为准确判断汽车故障提供强有力的支持。

功能简介：
■ 汽车故障诊断；
■ 五通道汽车专用示波器；
■ 数据流波形显示/存储；
■ 计算机联机功能；
■ 打印功能；
■ 维修档案管理(联机)；
■ 汽车英汉词典(联机)；
■ 多种方式升级。

技术参数：
主机温度操作：－30～50 ℃。
相对湿度：小于90％。
供电电压：DC12V。
PS/2接口：①内含USB接口；②内含标准RS232串口；③可外挂键盘、条码枪。
RJ45网络接口：10 M。
CF卡接口：供插拔CF卡。
示波器技术性能通道数：五通道。
采样速度：最大20 MHz。
采样精度：双8位。
电压量程：20 mV/格～20 V/格。
扫描时间：1.25 μs/格～2 s/格。

硬件配置：
CPU：32位嵌入式芯片。
主频：80 MHz。
外存：CF卡，可任意扩充。
显示器：6.4″ LCD触摸真彩屏。
打印机：热敏式微型打印机。
电池：示波器内置可充电锂电池。

课后训练

(1) 换一款车型，换用不同的解码器读取故障码，分析故障原因。
(2) 试用解码器读取数据流。
(3) 把下列英文和对应的中文用短线连接。

Injector (Port)	发动机转速
IGN Advance	冷却液温度
Engine Speed	车速
Vehicle Speed	点火提前角
Coolant Temp	喷油脉宽

学习情境二　用万用表检测线路故障

任务引领:丰田威驰轿车,故障灯常亮不灭,通过解码器读取故障码,解码器显示故障码为P0110,表示进气温度传感器及其线路出现故障,首先,用万用表对传感器的配线进行检测。

告知学生:

一、教学内容

用万用表检测传感器配线。

二、教学目标

能力目标:①会使用万用表;②会用万用表测电阻、电压、通断。

知识目标:①知道万用表的功用;②知道线路产生的故障。

情感目标:①规范操作能力;②交流沟通能力;③团结协作能力。

其他目标:①安全操作能力;②自我学习能力;③创造能力。

实施教学

一、知识铺垫

(一)汽车电控系统万用表检测操作方法

1. 电阻测量方法

将万用表选择开关转到电阻(Ω)挡的合适位置并校零后,即可测量电阻。汽车上很多电气设备的技术状态可用检测其电阻值的方法来判断,可检测电器元件和线路的短路、断路等故障。

2. 直流电压测量方法

将万用表选择开关转到直流电压(V)挡,并选择合适的量程,将测试表笔接到被测两端,即可测出电压。用测电压的方法可以检查电路上各点的电压(信号电压或电源电压)以及电气部件上的电压降。

3. 断路(开路)的检查方法

如果图 1-4 所示的配线有断路故障,可用"检查导通"或"检查电压"的方法来确定断路的部位。

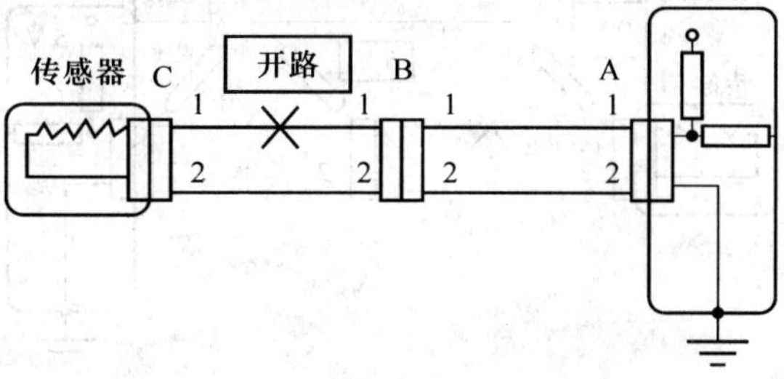

图 1-4　有断路故障的配线图

(1)“检查导通”方法

如图 1-5 所示，脱开连接器 A 和 C，测量它们之间的电阻值。若连接器 A 端子 1 与连接器 C 端子 1 之间的电阻值为∞，则它们之间不导通(断路)；若连接器 A 端子 2 与连接器 C 端子 2 之间的电阻值为 0 Ω，则它们之间导通(无断路)。

脱开连接器 B，测量连接器 A 与 B、B 与 C 之间的电阻值。若连接器 A 的端子 1 与连接器 B 的端子 1 之间的电阻值为 0 Ω，而连接器 C 的端子 1 与连接器 B 的端子 1 之间的电阻为∞，则连接器 A 的端子 1 与连接器 B 的端子 1 之间导通，而连接器 B 的端子 1 与连接器 C 的端子 1 之间有断路故障。

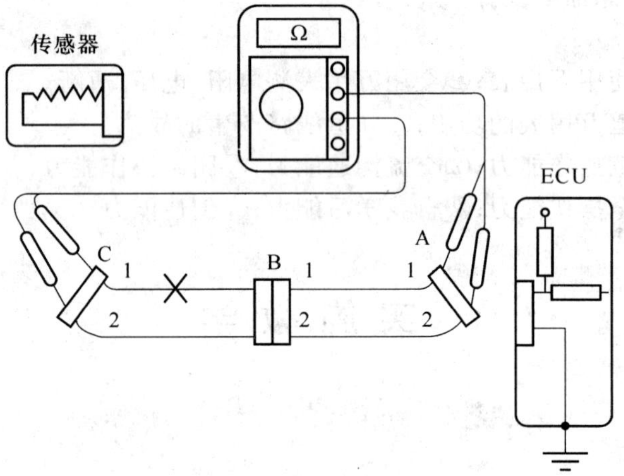

图 1-5 “检查导通”方法示意图

(2)“检查电压”方法

如图 1-6 所示，在计算机连接器端子加有电压的电路中，可以用“检查电压”的方法来检查断路故障。在各连接器接通的情况下，计算机输出端子电压为 5 V 的电路中，如果依次测量连接器 A 的端子 1、连接器 B 的端子 1 和连接器 C 的端子 1 与车身(搭铁)之间的电压时，测得的电压值分别为 5 V、5 V 和 0 V，则可以判定：在 B 的端子 1 与 C 的端子 1 之间的配线有断路故障。

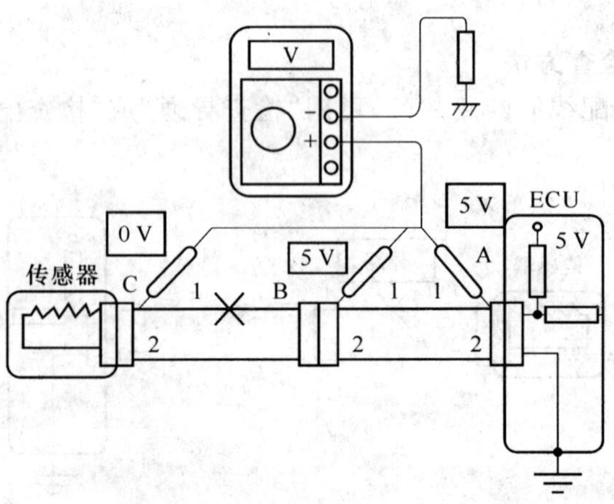

图 1-6 “检查电压”方法示意图

4. 短路的检查方法

如果配线短路搭铁,可通过检查配线与车身(或搭铁线)是否导通来判断短路的部位,如图 1-7 所示。

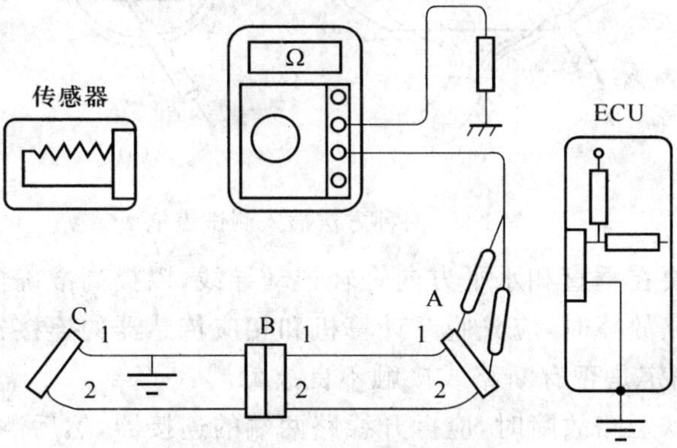

图 1-7 检查配线短路图

脱开连接器 A 和 C,测量连接器 A 的端子 1 和端子 2 与车身之间的电阻值。如果测得的电阻值分别为 0 Ω 和∞,则连接器 A 的端子 1 与连接器 C 的端子 1 之间的配线与车身之间有短路搭铁故障。

脱开连接器 B,分别测量连接器 A 的端子 1 和连接器 C 的端子 1 与车身(地线)之间的电阻值。如果测得的电阻值分别为∞和 0 Ω,则可以判定:连接器 B 的端子 1 与连接器 C 的端子 1 之间的配线与车身之间有短路搭铁故障。

(二) 发动机电控系统万用表检测的注意事项

(1) 除在测试过程中特殊指明者外,不能用指针式万用表测试计算机和传感器,应使用高阻抗数字式万用表,万用表内阻应不低于 10 kΩ。

(2) 首先检查保险丝、易熔线和接线端子的状况,在排除这些地方的故障后再用万用表进行检查。

(3) 在测量电压时,点火开关应接通(ON),蓄电池电压应不低于 11 V。

(4) 在用万用表检查防水型连接器时,应小心取下皮套[图 1-8(a)],用测试表笔插入连接器检查时不可对端子用力过大[图 1-8(b)]。检测时,测试表笔可以从带有配线的后端插入[图 1-9(a)],也可以从没有配线的前端插入[图 1-9(b)]。

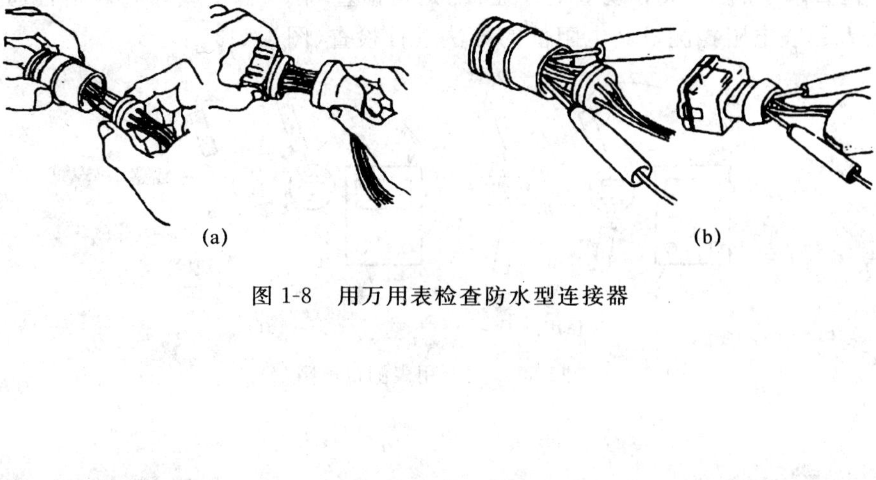

(a)　　　　(b)

图 1-8 用万用表检查防水型连接器

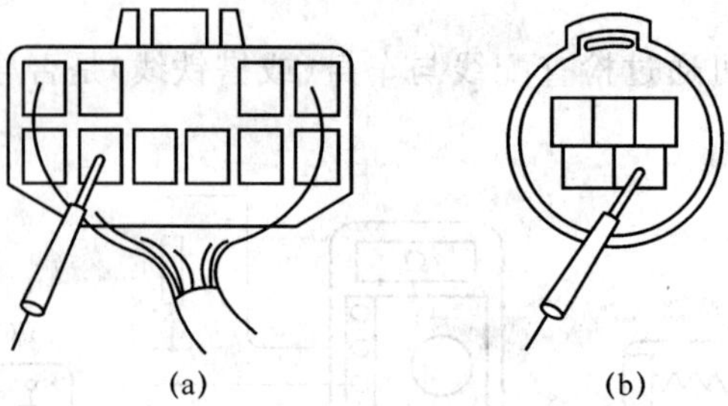

图 1-9　两种方法插入测试表笔

(5) 测量电阻时要在垂直和水平方向轻轻摇动导线，以提高准确性。

(6) 检查线路断路故障时，应先脱开计算机和相应传感器的连接器，然后测量连接器相应端子间的电阻，以确定是否有断路或接触不良故障。

(7) 检查线路搭铁短路故障时，应拆开线路两端的连接器，然后测量连接器被测端子与车身(搭铁)之间的电阻值。电阻值大于 1 MΩ 为无故障。

(8) 在拆卸发动机电子控制系统线路之前，应首先切断电源，即将点火开关断开(OFF)，拆下蓄电池极桩上的接线。

(9) 连接器上接地端子的符号因车型的不同而不同，应注意对照维修手册辨认。

(10) 测量两个端子间或两条线路间的电压时，应将万用表(电压挡)的两个表笔与被测量的两个端子或两根导线接触[图 1-10(a)]。

(11) 测量某个端子或某条线路的电压时，应将万用表的正表笔与被测的端子或线路接触；而将万用表的负表笔与地线接触[图 1-10(b)]。

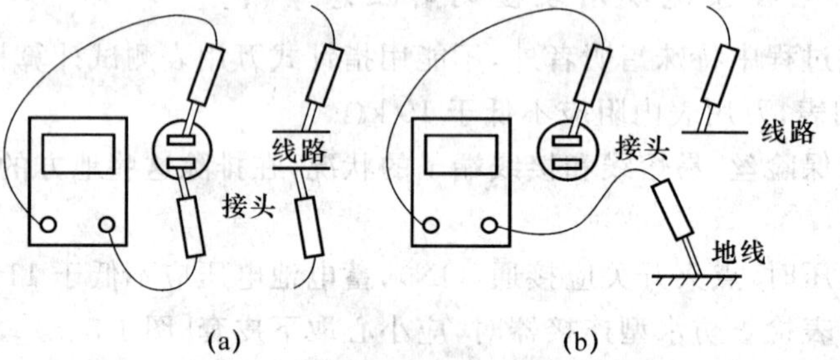

图 1-10　用万用表测量电压

(12) 检查端子、触点或导线等的导通性，是指检查端子、触点或导线等是否通电而没有断开，可用万用表电阻挡测量其电阻值的方法进行检查(图 1-11)。

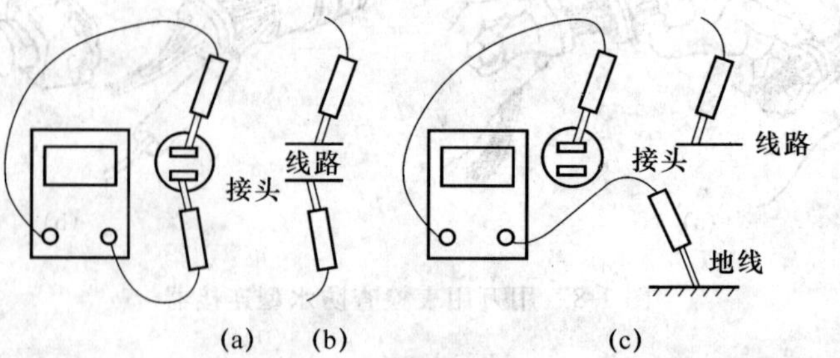

图 1-11　用万用表测量电阻

(13) 在测量电阻或电压时，一般要将连接器拆开，这样就将连接器分成了两部分，其中一部分称为某传感器(或执行部件)连接器；另一部分称为某传感器(或执行部件)导线束连接器或导线束一侧的某传感器(或执行部件)连接器(或连接器套)。例如，拆下喷油器上的连接器后，其中一部分称为喷油器连接器，另一部分则称为喷油器导线束连接器或导线一侧的喷油器连接器。在测量时，应弄清楚是哪一部分连接器。

(14) 所有传感器、继电器等装置都是和计算机连接的，而计算机又通过导线和执行部件连接，所以在检查故障时，可以在计算机连接器的相应端子上进行测试。

二、进行检测

1. 检测准备

准备万用表、被测导线(好、坏各若干根)、蓄电池(电压正常和不正常的若干个)。

2. 检测

测导线电阻：找一根导线，用万用表测量其电阻；选择万用表电阻挡并测量，其阻值应小于 1 Ω，判断导线阻值正常。

测蓄电池电压：有一蓄电池，用万用表测量电压；选择万用表直流电压挡并测量，其电压为 8 V，判断蓄电池电压过低。

3. 技能训练

1) 放置车轮挡块，安装翼子板布，安装前格栅布，拉紧手刹；

2) 关闭点火开关，拆下蓄电池负极接线柱电缆，断开进气温度传感器连接器，断开电控单元连接器，如图 1-12 所示；

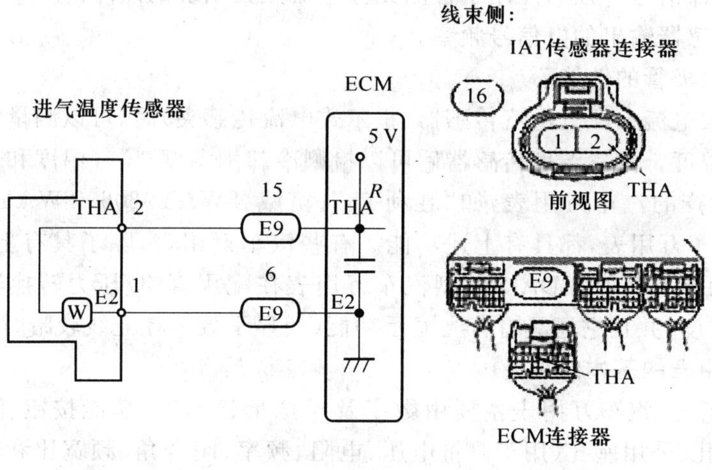

图 1-12　断开连接器

3) 用万用表测量 THA2 与 E9(15)、THA1 与 E9(6)之间的电阻，其阻值小于 1 Ω，正常；阻值为∞，线路开路；用万用表测量 THA2 或 E9(15)、THA1 或 E9(6)与车身搭铁之间的电阻，其阻值为∞，正常；阻值小于 1 Ω，线路短路。

4. 拆卸整理

拆下防护用品，清洁整理工具，清洁场地。

5. 总结

做好车辆的防护工作；检测前注意关闭电源、断开蓄电池负极连接端子；注意连接器的拆卸方法；正确使用万用表，必要时使用诊断盒配线连接。

三、知识拓展

汽车万用表

1. 汽车万用表的功能要求

在发动机电控系统故障的检测与诊断中，除经常需要检测电压、电阻和电流等参数外，还需要检测转速、闭合角、频宽比（占空比）、频率、压力、时间、电容、电感、温度、半导体元件等。这些参数对于发动机电控系统的故障检测与诊断具有重要意义。但是这些参数用一般数字式万用表无法检测，需用专用仪表即汽车万用表。汽车万用表一般应具备下述功能：

(1) 测量交、直流电压。考虑到电压的允许变动范围及可能产生的过载，汽车万用表应能测量大于 40 V 的电压值，但测量范围也不能过大，否则，读数的精度下降。

(2) 测量电阻。汽车万用表应能测量 1 MΩ 的电阻，测量范围大一些使用起来较方便。

(3) 测量电流。汽车万用表应能测量大于 10 A 的电流，测量范围再小则使用不方便。

(4) 记忆最大值和最小值。该功能用于检查某电路的瞬间故障。

(5) 模拟条显示。该功能用于观测连续变化的数据。

(6) 测量脉冲波形的频宽比和点火线圈一次侧电流的闭合角。该功能用于检测喷油器、怠速稳定控制阀、EGR 电磁阀及点火系统等的工作状况。

(7) 测量转速。

(8) 输出脉冲信号。该功能用于检测无分电器点火系统的故障。

(9) 测量传感器输出的电信号频率。

(10) 测量二极管的性能。

(11) 测量大电流。配置电流传感器（霍尔式电流传感夹）后，可以测量大电流。

(12) 测量温度。配置温度传感器后可以检测冷却水温度、尾气温度和进气温度等。

目前国内生产的汽车万用表，如“胜利-98”、笛威 TWAY9206、TWAY9406A 和 EDA-230 等型号的汽车万用表，都具有上述功能。有些汽车万用表，除了具有上述基本功能外，还有一些扩展功能。例如，EDA-230 型汽车万用表在配用真空/压力转换器（附件）时可以测量压力和真空度，并且它还具有背光显示功能（使显示数据在光线较暗时也能被看清楚）。

2. 汽车万用表的基本结构

如图 1-13 所示，汽车万用表主要由数字及模拟量显示屏、功能按钮、测试项目选择开关、温度测量座孔、公用座孔（用于测量电压、电阻、频率、闭合角、频宽比和转速等）、搭铁座孔、电流测量座孔等构成。

(1) 汽车万用表的量程

直流电压：400 mV～400 V（精度±0.5%），(1 000±1%)V；

交流电压：400 mV～400 V（精度±1.2%），(750±1.5%)V；

直流电流：(400±1%)mA，(20±2%)A；

交流电流：(400±1%)mA，(20±2.5%)A；

电阻：(400±1%)Ω，4 kΩ～4 MΩ（精度±1%），(400±2%)MΩ；

频率：4 Hz～4 kHz(±0.05%)，最小输入 10 Hz；

二极管检测：精度±1%dgt；

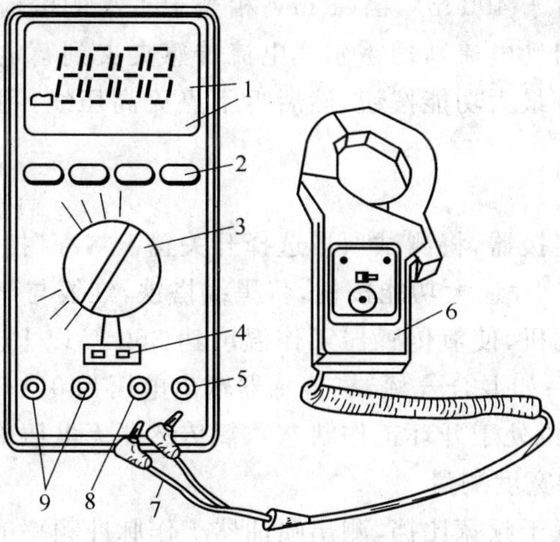

1—数字及模拟量显示屏；2—功能按钮；3—测试项目选择开关；4—温度测量座孔；
5—公用座孔；6—霍尔式电流传感夹；7—霍尔式电流传感夹引线插头；
8—搭铁座孔；9—电流测量座孔

图 1-13　汽车万用表及电流传感器

(2) 电路通断音频信号测试

测度检测：18～300 ℃(精度±3 ℃)，301～1 100 ℃(精度±3%)；

转速：150～3 999 r/min(精度±0.3%)，4 000～10 000 r/min(精度±0.6%)；

闭合角：±0.50；

频宽比：±0.2%。

3. 汽车万用表使用方法

(1) 信号频率测试

测试项目选择开关置于频率(Freq)挡，黑线(自汽车万用表搭铁座孔引出)搭铁，红线(自汽车万用表公用座孔引出)接被测信号线，显示屏即显示被测频率。

(2) 温度检测

测试项目选择开关置于温度(Temp)挡，按下功能按钮(℃/°F)，将黑线搭铁，探针线插头端插入汽车万用表温度测量座孔，探针端接触被测物体，显示屏即显示被测温度。

(3) 点火线圈一次侧电路闭合角检测

测试项目选择开关置于闭合角(Dwell)挡，黑线搭铁，红线接点火线圈负接线柱，发动机运转，显示屏即显示点火线圈一次侧电路闭合角。

(4) 频宽比测量

测试项目选择开关置于频宽比(Duty Cycle)挡，红线接电路信号，黑线搭铁，发动机运转，显示屏即显示脉冲信号的频宽比。

(5) 转速测量

测试项目选择开关置于转速(RPM)挡，转速测量专用插头插入搭铁座孔与公用座孔中，感应式转速传感器(汽车万用表附件)夹在某一缸高压点火线上，在发动机工作时，显示屏即显示发动机转速。

(6) 启动机启动电流测量

测试项目选择开关置于400 mV挡(1 mV相当于1 A的电流，即用测量电流传感器电压的方法来测量启动机启动电流)，把霍尔式电流传感夹夹到蓄电池线上，其引线插头插入电流测量座孔，按下最小/最大功能按钮，然后拆下点火高压线，用启动机转动曲轴2～3 s，显示屏即显示启动电流。

(7) 氧传感器测试

拆下氧传感器线束连接器，将测试项目选择开关置于“4 V”挡，按下DC功能按钮，使显示屏显示“DC”，再按下最小/最大功能按钮，将黑线搭铁，红线与氧传感器相连；然后以快怠速(2 000 r/min)运转发动机，使氧传感器工作温度达360 ℃以上。此时，如混合气浓，氧传感器输出电压约为0.8 V；如混合气稀，氧传感器输出电压为0.1～0.2 V。当氧传感器工作温度低于360 ℃时(发动机处于开环工作状态)，氧传感器无电压输出。

(8) 喷油器喷油脉冲宽度测量

测试项目选择开关置于频宽比挡，测出喷油器工作脉冲频率的频宽比后，再把测试项目选择开关置于频率(Freq)挡，测出喷油器工作脉冲频率(Hz)，然后按下式计算喷油器喷油脉冲宽度：

$$S_p=\eta/f_p$$

式中 S_p——喷油脉冲宽度，s；

η——频宽比，%；

f_p——喷油频率，Hz。

课后训练

(1) 练习使用万用表测量电阻、电压。

(2) 试测出进气温度传感器自身的电阻值。

学习情境三　用示波器检测波形

任务引领：丰田威驰轿车，故障灯常亮不灭，通过解码器读取故障码，解码器显示故障码为 P0110，表示进气温度传感器及其线路出现故障，用万用表对配线进行检测，配线良好，因此，使用示波器对传感器的性能进行检测。

告知学生：

一、教学内容

用示波器测试温度传感器波形。

二、教学目标

能力目标：①学会使用示波器；②学会分析波形图。

知识目标：①知道示波器的功用；②知道常见的标准波形。

情感目标：①规范操作能力；②交流沟通能力；③团结协作能力。

其他目标：①安全操作能力；②自我学习能力；③创造能力。

实 施 教 学

一、知识铺垫

示波器与万用表相比有着更为精确及描述细致的优点，万用表通常只能用一两个电参数来反映电信号的特征，而示波器则用电压随时间变化的图像来反映一个电信号，它显示电信号比万用表更准确、更形象。

（一）示波器结构

示波器主要由液晶显示器、功能按键、主机接口和随机附件组成。

液晶显示器：显示测试信息，为人机对话提供平台。

功能按键：选择相应的测试功能。

主机接口：连接相应的测试连接器。

随机附件：包括示波测试连接线、电源线、自诊断接头等。

（二）示波器的功能

汽车专用示波器的功能分为基本功能和附加功能。基本功能就是对汽车电控系统中的模拟与数字信号进行波形显示。附加功能包括万用表及发动机性能测试等。除此之外其外形、屏幕大小和按键数量与布置也有所不同。

1. 基本功能

示波功能：测试电控系统中主要传感器与执行器的信号波形。

多通道显示：示波器含有多通道接口，能够同时显示出多组波形，把示波器连接到车辆上四个不同的传感器与执行器，即能将四种信号波形同时显示出来，便于对比分析与判断。

信号波形的锁定与存储功能:通过功能键的操作对波形进行锁定并存储,以便对波形进行仔细分析和判断,也可以对存储的波形进行重新查看和删除。

设定功能:通过设定信号电压的大小,改变扫描时间的长短,可以确定所测波形的形状大小与屏幕坐标相配,更加方便地观测与分析;通过自动设定功能,使波形的显示自动与坐标相配,但在多组波形间同时显示时,使用自动设定功能会使各组波形的时间单位不一致。

波形资料库:收集有汽车各系统电子元件的标准波形。

2. 附加功能

万用表功能:一般示波器均含有万用表功能。对于一些简单特定的信号,使用万用表则更直接、易懂和方便。

发动机性能测试:通过一些附加测试探头与车辆的连接,主要测试发动机的启动电流、交流发电机二极管、汽缸的效率和功率平衡(只针对非电控发动机)等。

二、进行检测

1. 检测准备

安装防护用品;检查检测仪;连接检测仪线缆;找到汽车自诊断连接器。

2. 进行检测

把示波器连接到故障诊断插座,并打开电源开关。操作流程:打开点火开关,但不启动发动机,操作示波器菜单进入,显示波形。

3. 技能训练

1)放置车轮挡块、安装翼子板布、安装前格栅布、安装地板垫、安装方向盘套、拉紧手刹;

2)连接好测试接头与示波器,把测试接头与故障诊断插座连接,开启示波器电源按钮;

3)打开点火开关,不启动发动机,进入波形系统。

4. 拆卸整理

取下示波器,拆下防护用品,清洁整理工具,清洁场地。

5. 总结

要读波形,首先要知道示波器的使用方法和标准波形,并且知道诊断插座的位置和比较分析;做好检测前的准备工作;正确连接示波器;按照检测仪的提示菜单进入检测程序;读出波形并判断故障部位。

三、知识拓展

1. 汽车电子信号的五大类型

(1) 直流(DC)信号

在汽车中产生直流(DC)信号的传感器或电源装置有:蓄电池电压或控制计算机输出的传感器参考电压。

模拟传感器信号:发动机冷却水温度传感器、燃油温度传感器、进气温度传感器、节气门位置传感器、翼板式或热线式空气流量计、真空和节气门开关等以及通用汽车、克莱斯勒汽车和亚洲汽车的进气压力传感器。

(2) 交流(AC)信号

在汽车中产生交流(AC)信号的传感器和装置有:车速传感器(VSS)、防滑制动轮速传感器、磁电式曲轴转角(CKP)和凸轮轴(CMP)传感器、爆震传感器(KS)、从模拟压力传感器(MAP)信号得到的发动机真空平衡波形。

(3) 频率调制信号

在汽车中产生可变频率信号的传感器和装置有:数字式空气流量计、光电式车速传感器(VSS)、霍尔式车速传感器、光电式曲轴转角(CKP)和凸轮轴(CMP)传感器、霍尔式曲轴转角(CKP)和凸轮轴(CMP)传感器、福特数字式进气压力传感器。

(4) 脉宽调制信号

在汽车中产生脉宽调制信号的电路和装置有:初级点火线圈、电子点火正时电路、废气再循环控制(EGR)、净化、涡轮增压和其他控制电磁阀、喷油嘴、怠速控制马达和电磁阀。

(5) 串行数据(多路)信号

若汽车中具备有自诊断能力和其他串行数据送给能力的控制模块,则串行数据由发动机控制计算机、车身控制计算机、防滑控制系统或其他控制模块产生。

2. 汽车电子信号的五个判定依据

(1) 幅值:电子信号在一定点上的即时电压。

(2) 频率:电子信号在两个事件或循环之间的时间,一般指每秒的循环次数(Hz)。

(3) 脉冲宽度:电子信号所占的时间或占空比。

(4) 形状:电子信号的外形特征,它的曲线、轮廓和上升沿、下降沿等。

(5) 阵列:组成专门信息信号的重复方式,例如#1缸传送给发动机控制计算机的上止点同步脉冲信号,或传给解码器的有关冷却液温度是99 ℃的串行数据流等。表1-2显示五个判定依据与五种基本类型的相互关系。

表1-2 判定依据与基本类型的相互关系

电子信号的判定依据					
信号类型	判定依据				
	幅值	频率	形状	脉冲宽度	阵列
直流	√				
交流	√	√	√		
频率调制	√	√	√		
脉宽调制	√	√	√	√	
串行数据	√	√	√	√	√

课后训练

用示波器和解码器测试波形,比较两者在性能上有何不同。

学习情境四　用综合检测仪进行故障诊断

任务引领：丰田威驰轿车，故障灯常亮不灭，通过解码器读取故障码，解码器显示故障码为 P0110，表示进气温度传感器及其线路出现故障，用万用表对配线进行检测，配线良好，使用综合检测仪对传感器的性能进行检测分析。

告知学生：

一、教学内容

综合检测仪传感器分析功能。

二、教学目标

能力目标：①会使用综合检测仪；②会分析波形图。

知识目标：①知道综合检测仪的功用；②知道常见的波形。

情感目标：①规范操作能力；②交流沟通能力；③团结协作能力。

其他目标：①安全操作能力；②自我学习能力；③创造能力。

实 施 教 学

一、知识铺垫

发动机性能分析仪：

发动机性能分析仪集传感技术、动态采集技术和信号处理技术于一身，可对发动机的点火、供油、冷却、润滑、进排气、电控系统、传感元件、排放、特性和动力性等进行动态综合检测并能进行故障分析，使发动机的各种运行参数准确无误地呈现在人们面前，为人们诊断故障原因、调试发动机参数、评定发动机性能提供科学依据。特别适合电控发动机不解体检测。

1. 发动机性能分析仪结构

发动机性能分析仪一般由五个部分组成：信号提取装置、信号处理系统、预装软件的 PC 及附件、选装设备和机柜。

信号提取装置。主要任务是读取汽车被测点的参数值，由于被测点的机械结构和参数性质不同，信号提取装置必须配置有多种形式测试连接头，以适应不同的测试部位。

信号处理系统。发动机上传感器输出的信号是千差万别的，不能被发动机性能分析仪的软件系统直接应用计算，必须经过信号处理转换成标准的数字信号后送入计算机。

软件及 PC。软件系统一般应有良好的人机对话界面，丰富的帮助信息，可以扩展的数据库。PC 配有打印机，可以打印测试报表。随着网络的发展，发动机性能分析仪能通过网络与厂商进行数据交换、远程通信以及对软件的升级换代。

选装设备。发动机性能分析仪可以选装废气分析仪和汽车故障诊断系统（具有汽车解码器功能）等。

机柜。机柜是发动机性能分析仪的基础部件，用于安装发动机性能分析仪的各组件。

2. 发动机性能分析仪的功能

（1）无外载测功。当发动机与传动系统脱开，并将发动机的节气门从怠速位置急加速全开时，发动机将克服本身的惯性力矩，迅速加速到空载最大转速。如果转动惯量已知，只要测出发动机在指定转速范围内急加速时的平均加速度，或测量某一转速时的瞬时加速度，就可以确定发动机输出功率大小。因无外载测功的精度较差，只能作为参考数值，可以比较维修的前后效果，不能作为发动机的实际输出功率。

(2) 点火系分析。发动机性能分析仪对点火系统的检测，可采集、显示、记忆点火波形，并处理成平行、阵列、重叠波，通过对发动机的转速、点火电压、火花电压、火花持续时间和闭合角进行波形分析，在不同转速下其数值是不同的。由此可对发动机点火系统的性能进行评价。

(3) 发动机分析。主要是对发动机的断缸测试、气缸压力平衡测试、点火提前角测试等来分析发动机运行状况，属于传统型测试，对不是电控系统的发动机测试效果很好，电控系统发动机一般不进行此类测试，断高压测试更不允许，只有在该电控系统提供断油断缸功能的前提下才可以进行断缸分析。

(4) 启动机及发电机性能检测。测试发动机启动过程中的主要数据，包括发动机的转速、启动电流、电压、点火电压、闭合角等。可根据测试结果对发动机的启动系、点火系等进行综合分析。

发电机测试功能可测试发电机主要工作新参数和电流波形。

(5) 传感器分析。传感器分析功能可对汽车电控系统各种传感器进行波形分析，进而判定传感器及其传输线的性能。

(6) 电控系统故障自诊断。解码器功能一般不作为发动机性能分析仪的标准配置，属于选装部分，但发动机性能分析仪都为解码器预留了串行接口，视用户需求而增减。而有些发动机性能分析仪直接将解码器作为标准配置，以便扩展其功能范围。

(7) 废气分析。属于选装功能部分，可对发动机的排放进行分析，是发动机性能分析仪重要项目之一。带有尾气分析功能的性能分析仪，则能对发动机在各工况下所排放的 CO、CO_2、O_2、和 HC 的数值进行测定，从而空燃比数值，进而判断发动机在各工况下的开/闭环状态。

(8) 数字万用表。数字万用表是发动机性能分析仪必备功能之一。但其测试范围没有汽车专用万用表广，一般只测试电控系统中一些电压、电阻、频率、占空比和连续性等信号。

(9) 柴油机性能检测功能。目前国内发动机性能分析仪对柴油机性能检测只限于传统柴油机，可测试柴油机喷油压力、柴油机喷油提前角和烟度分析等，但不适用于各种高压共轨电控柴油机。

(10) 结果分析报告。分析仪在对发动机进行全面、综合的性能测试后，分析仪会自动根据测试结果进行分析，指出发动机哪些系统存在问题，并根据所测数据、参数，确定造成这些问题的大致范围和可能原因。但要真正查出问题的症结所在，还必须由检修人员来完成。结果分析报告的作用可以使检修人员少走弯路、节省时间。

(11) 波形测试功能。发动机性能分析仪所测出的结果分析报告和测试者根据测试参数所分析的故障原因，只是大致的范围，检修人员还必须使用万用表或示波器对可能出现故障的传感器、执行器做进一步检查，但波形分析却是性能分析仪中必备功能之一。

(12) 存储与打印功能。该功能可以很方便地查看所测车辆以往的记录，便于对比分析，使检修人员更准确地掌握车辆技术状况，快速诊断出故障原因。

二、进行检测

1. 检测准备

安装防护用品；检查检测仪；连接检测仪线缆；找到汽车自诊断连接器。

2. 进行检测

连接好发动机性能分析仪后，根据所测内容和项目进行测试。

3. 技能训练

1）放置车轮挡块、安装翼子板布、安装前格栅布、安装地板垫、安装方向盘套、拉紧手刹；

2）连接好发动机性能分析仪测试接头，把测试接头与相应测试点连接，开启发动机性能分析仪电源按钮；选择相应测试功能，进行测试。

4. 拆卸整理

取下检测仪，拆下防护用品，清洁整理工具；清洁场地。

5. 总结

首先要知道发动机性能分析仪的使用方法和功能、连接部位和测试点；做好检测前的准备工作；正确连接发动机性能分析仪；按照分析仪的相应功能进行选择性测试。

三、知识拓展

博世 FSA740 发动机分析仪结构组成如图 1-14 所示。主要由：显示器、PC、遥控器、测量模块、遥控接收器、鼠标、键盘、打印机、废气分析仪等组成。

主要功能有：发动机检测功能、万用表功能、数字示波功能、示波测量功能。

图 1-14　博世 FSA 发动机分析仪

课后训练

使用 740 测试某车型传感器波形。

汽油发动机电子控制系统传感器电路故障检测　学习领域二

车间工作任务　传感器电路检测诊断与修复

学习情境一　温度传感器(TS)电路的检测诊断与修复

任务引领：有一辆丰田威驰轿车，故障指示灯点亮，通过汽车诊断仪的检查，检测出与温度传感器相关的故障码，需对温度传感器及电路进行检查，确定故障部位，并维修更换。

告知学生：

一、教学内容

温度传感器(temperature sensor)电路的检测诊断。

二、教学目标

通过学习温度传感器，能对温度传感器进行检测诊断。

知识目标：①能够正确描述温度传感器的分类及结构作用；②知道各种温度传感器安装位置，工作原理及性能检查内容。

能力目标：①能够正确拆装及检测温度传感器；②知道不同车型温度传感器的检测方法。

情感目标：①交流沟通能力；②团结协作能力。

其他目标：①自我学习能力；②创造能力。

实 施 教 学

为了确定发动机的温度状态，精确地控制燃油喷射、点火正时、怠速转速和尾气排放，提高发动机的运行性能，发动机电控单元(ECU)需要能连续精确地检测冷却液温度、进气温度与排气温度，因此，在现代电控发动机上安装有2～3种温度传感器。

一、知识铺垫

现代的电控发动机上的温度传感器有很多。为了判断发动机的热状态，计算进气量和供油量，要连续精确地测量进气温度、冷却液温度等，这些都是通过温度传感器来实现的。

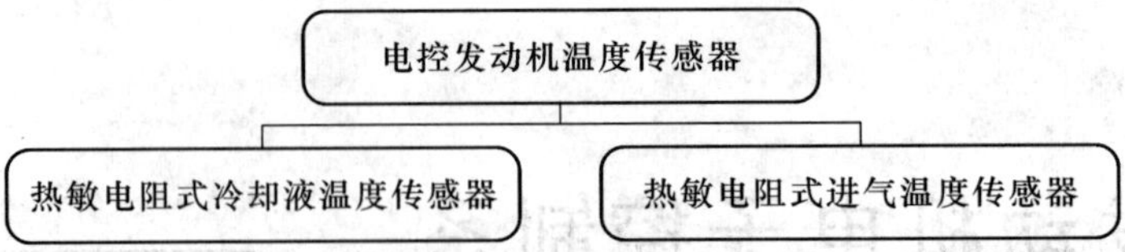

(一)冷却液温度传感器(ECT)的结构与电路

1. 结构与功用

冷却液温度传感器安装在发动机缸体或缸盖的水套上,与冷却液接触。冷却液温度传感器的内部是一个半导体热敏电阻如图 2-1(a),它具有负的温度系数,冷却液温度越低,电阻越大,反之,冷却液温度越高,电阻越小如图 2-1(b)。其作用是用来检测发动机的冷却液温度。

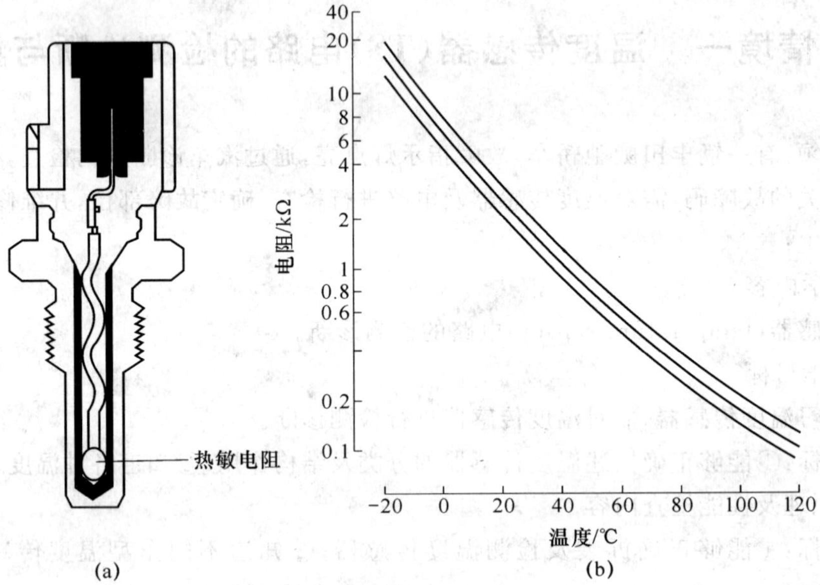

图 2-1　冷却液温度传感器的结构

2. 电路连接

冷却液温度传感器的两根导线都和控制单元相连接,其中一根为地线,另一根的对地电压随热敏电阻阻值的变化而变化。电控单元根据这一电压的变化测得发动机冷却液的温度,和其他传感器产生的信号一起,用来确定喷油脉冲宽度、点火时刻等。北京切诺基汽车冷却液温度传感器与电控单元的连接如图 2-2 所示。

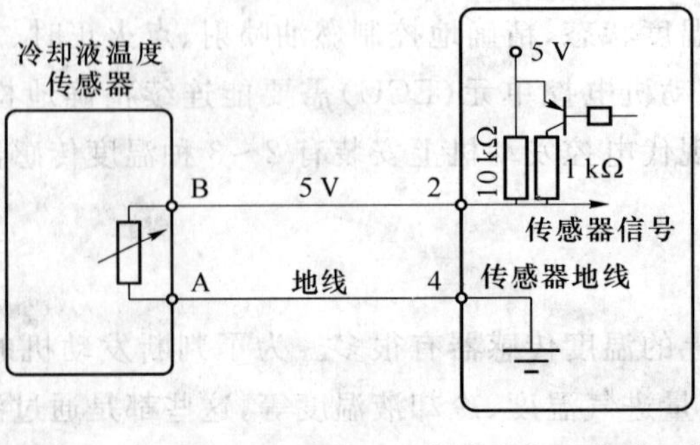

图 2-2　北京切诺基汽车冷却液温度传感器与电控单元的连接

3. 冷却液温度传感器电阻的检测

(1) 就车检测

关闭点火开关，拔下冷却液温度传感器的电源插头，用数字式高阻抗万用表 Ω 挡，按图 2-3所示的方法检测传感器两端子间的电阻值，其电阻值应与温度高低成反比，在发动机热机时应小于 1 kΩ。

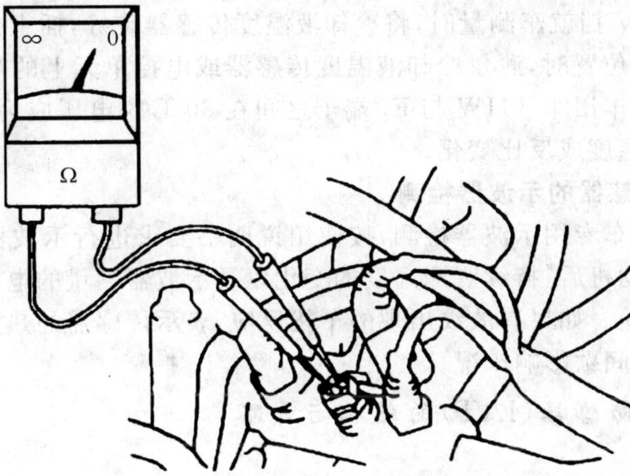

图 2-3　就车检测

(2) 车下检测

拔下冷却液温度传感器上的电插，从发动机上拆下传感器。将传感器置于烧杯内的水中，加热杯中的水，同时用万用表 Ω 挡测量在不同水温条件下，传感器两端子间的电阻值，如图 2-4 所示，将测得的值与标准值(丰田威驰 2SZ-FE 车标准值如表 2-1 所示)相比较，如果不符合标准，则应更换冷却液传感器。

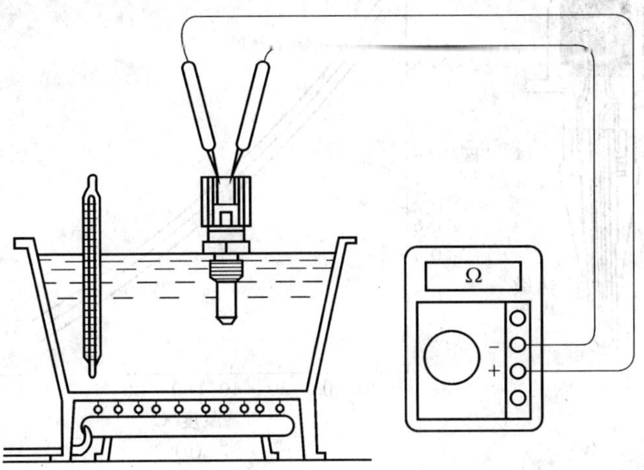

图 2-4　车下检测

表 2-1 丰田威驰 2SZ-FE 车冷却液温度/进气温度传感器电阻检测标准

温度/℃	电阻值/kΩ
20 ℃	2.29～2.60 kΩ
80 ℃	0.302～0.327 kΩ

4. 冷却液温度传感器输出信号电压的检测

用数字式万用表 V 挡就车测量时，将冷却液温度传感器装好，插上传感器上的连接器，当点火开关置于“ON”位置时，测量冷却液温度传感器或电控单元上的“THW”与“E_2”端子之间的输出电压信号，丰田车 THW 与 E_2 端子之间在 80 ℃时电压应为 0.25～1.0 V 所测得电压值应随冷却液温度成反比变化。

5. 冷却液温度传感器的示波器检测

用通用示波器、汽车专用示波器检测，按使用说明书要求进行示波器的初始设定，按测试要求接线。启动发动机后，持续观测温度的变化以及示波器测量的电压信号，其电压显示线条应平顺地向下移动。如果有波纹出现的干扰反应，表示传感器的热敏电阻反应不良，虽然不是完全损坏，但会间歇影响车况。

（二）进气温度传感器（IAT）的结构与电路

1. 结构与功用

进气温度传感器通常安装在空气滤清器之后的进气软管或空气流量计上。还有的在空气流量计和谐振腔上各装一个，以提高喷油量的控制精度。如图 2-5(a)所示，进气温度传感器内部也是一个具有负温度电阻系数的热敏电阻，外部用环氧树脂密封。其热敏电阻的阻值随温度的变化而变化，进气温度低时，阻值增大；进气温度高时，阻值减小。电阻随进气温度变化的关系如图 2-5(b)所示。其功用是监控进气温度。

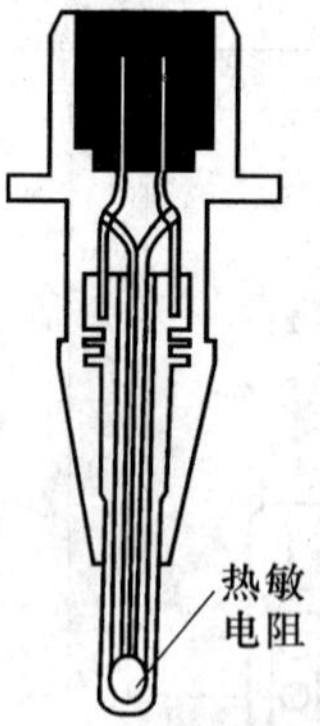

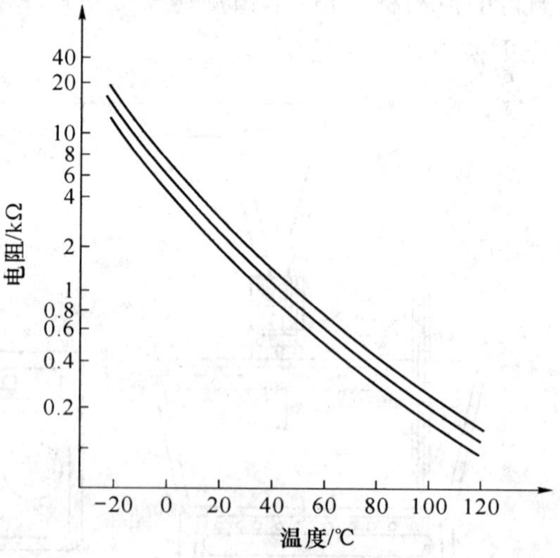

图 2-5 进气温度传感器的温度

2. 电路连接

与冷却液温度传感器相同。进气温度传感器与 ECU 连接如图 2-6 所示。

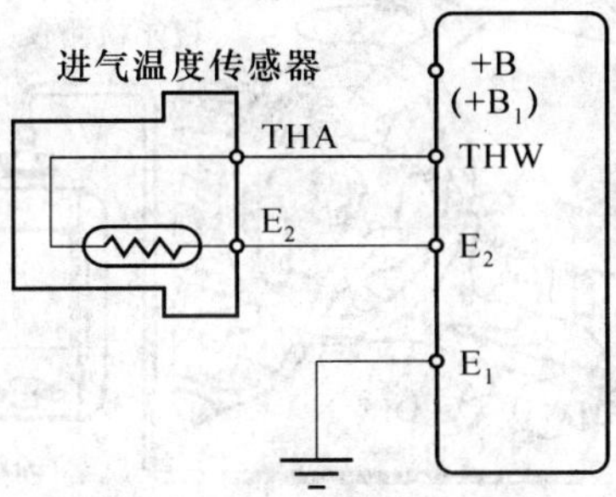

图 2-6　进气温度传感器与 ECU 连接

3. 进气温度传感器的电阻检测

进气温度传感器的电阻检测方法和要求与冷却水温度传感器基本相同。单件检查时,点火开关置于"OFF"位置,拔下进气温度传感器导线连接器,并将传感器拆下;如图 2-7 所示,用电热吹风器、红外线灯或热水加热进气温度传感器;用万用表 Ω 挡测量在不同温度下两端子间的电阻值,将测得的电阻值与标准数值进行比较(表 2-1)。如果与标准值不符,则应更换。

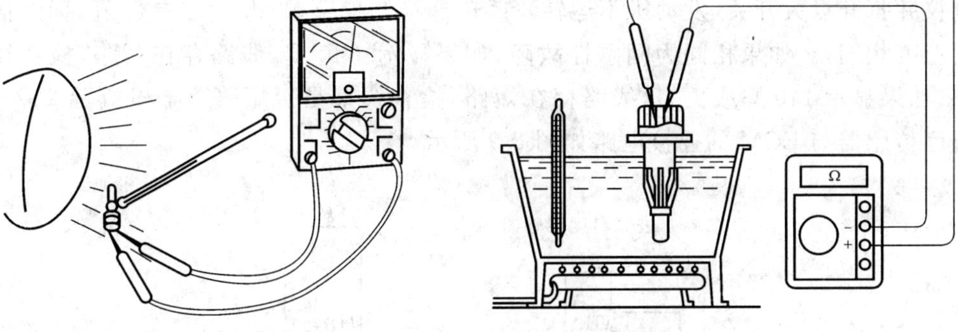

图 2-7　进气温度传感器的电阻检测

4. 进气温度传感器输出信号电压的检测

当点火开关置于"ON"位置时,测量 ECU 的 THA 端子与 E_2 端子间或进气温度传感器连接器 THA 与 E_2 端子间的电压值,如丰田车输出电压信号在 20 ℃时应为 0.5～3.4 V。

二、进行检测

1. 车辆及检测仪准备

丰田威驰轿车、万用表、解码器、示波器、防护用品;检查检测仪器;连接检测仪线缆;找到汽车自诊断连接器。

2. 检测

首先读取故障码,把解码器连接到故障诊断插座,并打开电源开关,如图 2-8 所示。操作流程:打开点火开关,但不启动发动机,操作解码器菜单进入,读取故障码。然后根据故障代码提示使用万用表或示波器进行故障检测,找出故障部位,并排除。

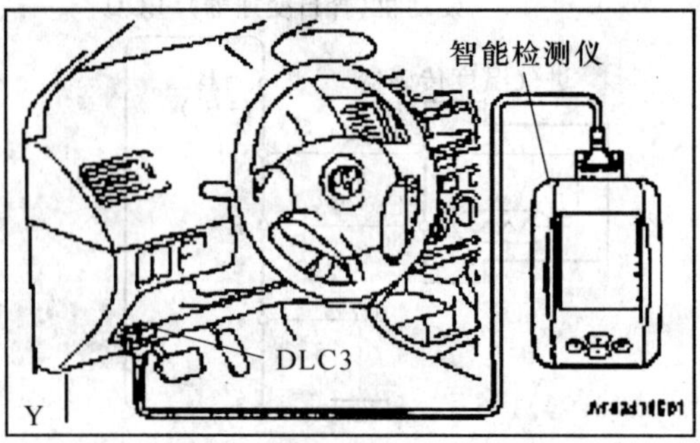

图 2-8　用检测仪检测故障

3. 技能训练

1）放置车轮挡块，安装翼子板布，安装前格栅布，安装地板垫，安装方向盘套，拉紧手刹。

2）读故障码：用检测仪读故障码时，如果进气温度传感器及其线路出现故障，则显示故障代码为 P0110。

3）用检测仪读取值（进气温度传感器）：a. 将检测仪连接到 DLC3，如图 2-8 所示；b. 打开检测仪并打开点火开关（发动机不运转）；c. 选择检测仪菜单；d. 读取参数值（标准值与实际进气温度相同）。如果相同为间歇性故障；如果显示 −40 ℃，线路存在断路，检查线束是否断路；如果显示 140 ℃或更高，线路存在短路，检查线束是否短路。丰田威驰 2SZ-FE 车进气温度传感器与 ECM 的连接电路如图 2-9 所示。

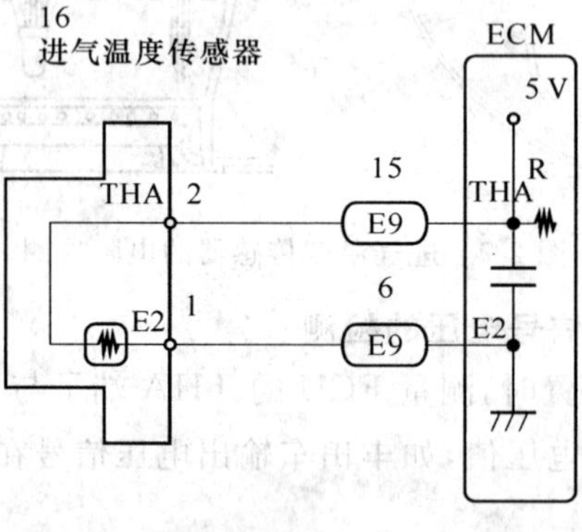

图 2-9　进气温度传感器与 ECM 的连接电路图

4）用检测仪读取值（检查显示是否断路）：a. 断开进气温度传感器连接器 16；b. 断开进气温度传感器线束侧连接器的端子 THA 和 E2，如图 2-10；c. 将检测仪连接到 DLC3；d. 打开检测仪并打开点火开关（发动机不运转）；e. 选择检测仪菜单；f. 读取参数值（标准值 140 ℃或更高），如果正常，确认传感器连接良好，则更换进气温度传感器；如果异常，检查线束和连接器；g. 重新连接进气温度传感器连接器。

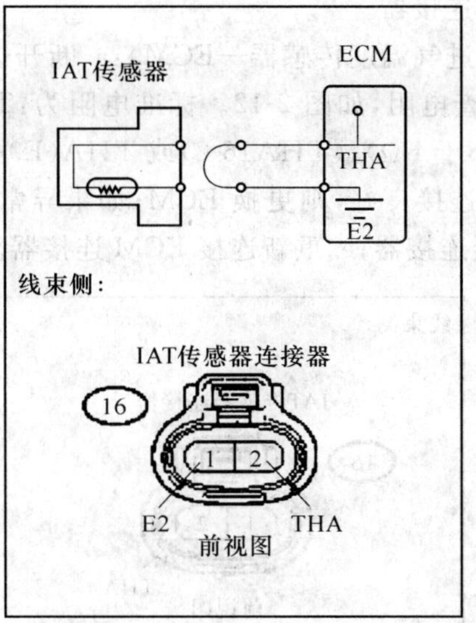

图 2-10　断开 THA 和 E2

5）检查线束和连接器(进气温度传感器—ECM)：a. 断开进气温度传感器连接器 16；b. 断开 ECM 连接器 E9；c. 检查电阻，如图 2-11。标准电阻为：THA(16-2)与 THA(E9-15)、E2(16-1)与 E2(E9-6)之间小于 1 Ω，如果正常，确认 ECM 连接良好，则更换 ECM；如果异常，修理或更换线束或连接器；d. 重新连接进气温度传感器连接器；e. 重新连接 ECM 连接器。

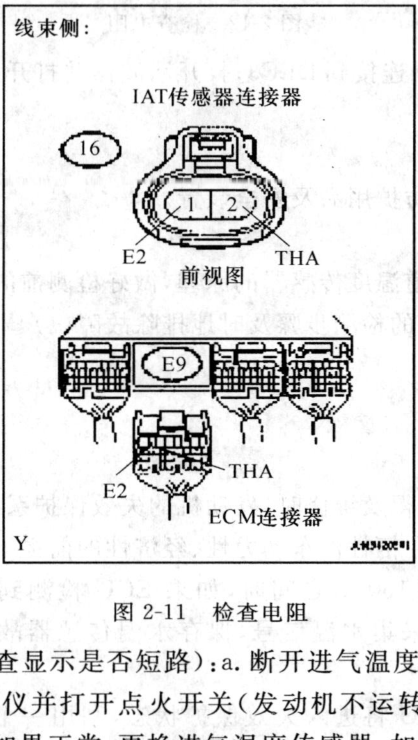

图 2-11　检查电阻

6）用检测仪读取值(检查显示是否短路)：a. 断开进气温度传感器连接器 16；b. 将检测仪连接到 DLC3；c. 打开检测仪并打开点火开关(发动机不运转)；d. 选择检测仪菜单；e. 读取参数值(标准值－40 ℃)，如果正常，更换进气温度传感器；如果异常，检查线束和连接器；

f. 重新连接进气温度传感器连接器。

7）检查线束和连接器（进气温度传感器—ECM）：a. 断开进气温度传感器连接器 16；b. 断开 ECM 连接器 E9；c. 检查电阻，如图 2-12。标准电阻为：THA（16-2）与 THA（E9-15）、E2（16-1）与 E2（E9-6 之间小于 1 Ω）；（THA16-2）或 THA（E9-15）与车身搭铁之间 10 kΩ 或更大，如果正常，确认 ECM 连接良好，则更换 ECM；如果异常，修理或更换线束或连接器；d. 重新连接进气温度传感器连接器；e. 重新连接 ECM 连接器。

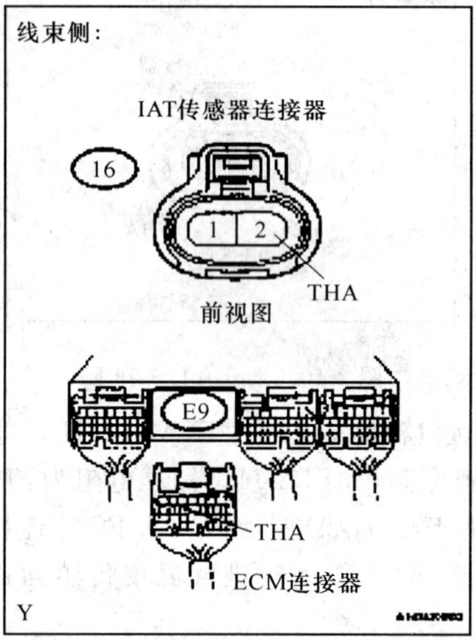

图 2-12　检查电阻

8）检测波形。将示波器连接到 DLC3；打开示波器并打开点火开关（发动机不运转）；选择示波器菜单；测试波形。

4. 拆卸整理

清理场地和工具，拆除防护用品及安全装置。

5. 总结

要排除故障，首先要知道温度传感器的原理，做好检测前的准备工作；正确连接检测仪，并且要掌握根据温度传感器的检测步骤及时地排除故障。

三、知识拓展

失效保护。

当汽车出现故障还未来得及维修时，发动机的失效保护系统将有故障的部件（或 ECU）默认为处于某种固定状态，在牺牲汽车动力性、经济性的前提下，保证汽车能继续运行。

水温一般设定在－59～150 ℃之间时，如果 ECU 检测到水温信号不在上述范围内，ECU 便命令控制程序停止采集水温信号，保存水温传感器故障码，并点亮发动机故障指示灯。

水温传感器失效后，ECU 将进入失效保护状态，利用一个固定的水温信号进行替代。有些发动机，在冷车启动时，若水温信号出现故障，将采用进气温度信号进行替代，然后每运转 20 s，使冷却液温度增加 1 ℃，直至增加到设定值为止。

课后训练

（1）现有一辆汽车，发动机故障灯常亮，读取故障码为进气温度传感器故障，请你参考所学的冷却液传感器的检查步骤，为维修该故障制订进气温度传感器的检查计划，并予以实施。

① 所需设备计划；

② 实施步骤；

③ 检查结果与维修结论记录。

（2）把下列英文和对应的中文用短线连接。

Voltage	冷却水温度传感器
ECT	进气温度传感器
Testing	故障
Fault	检测
IAT	电压

学习情境二　进气压力传感器（MAPS）电路的检测与修复

任务引领：有一辆丰田威驰轿车，故障指示灯点亮，发动机工作无力，热车后怠速不稳，要求检测诊断。

告知学生：

一、教学内容

进气压力传感器（manifold absolute pressure sensor）电路检测诊断。

二、教学目标

能力目标：①学会检测各种进气压力传感器；②能够对各种进气压力传感器进行故障诊断分析及故障排除。

知识目标：①知道进气压力传感器的功用；②能够正确使用检测设备检测进气压力传感器控制电路。

情感目标：①态度——通过实践，培养学生积极面对、主动学习的态度；②配合——通过实践，培养学生之间的行动配合能力，树立团队协作精神。

实 施 教 学

一、知识铺垫

进气压力传感器是D型电控燃油喷射系统中确定燃油喷射量的主要传感器之一，安装在发动机室内振动较小的地方，其作用是将发动机进气歧管内的绝对压力转变成为电信号输送到ECU，据此间接确定发动机的进气量，应用较为广泛的有半导体压敏电阻式、三线高灵敏度可变电阻式和真空膜盒传动式等。

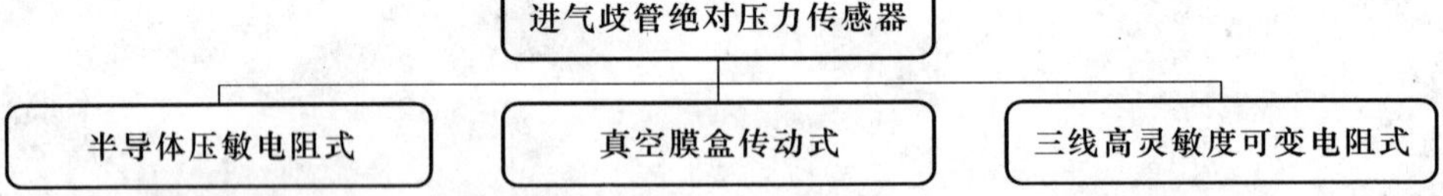

半导体压敏电阻式进气歧管压力传感器结构与功用：

半导体压敏电阻式进气歧管绝对压力传感器如图2-13所示。由压力转换元件（硅膜片）和把转换元件输出信号进行放大的混合集成电路组成。压力转换元件是利用半导体的压阻效应制成的硅膜片。硅膜片的一侧是真空室，另一侧导入进气歧管压力，所以进气歧管内绝对压力越高，硅膜片的变形越大，其变形量与压力成正比。附在薄膜上的应变电阻的阻值产生与其变形量成正比的变化，利用这种原理，可把进气歧管内压力的变化变换成电信号。半导体压敏电阻式压力传感器的特点是尺寸小，精度高，成本低，抗震性好，所以得到广泛的应用，如桑塔纳2000GLi轿车、别克轿车、日产轿车、丰田轿车和克莱斯勒汽车。

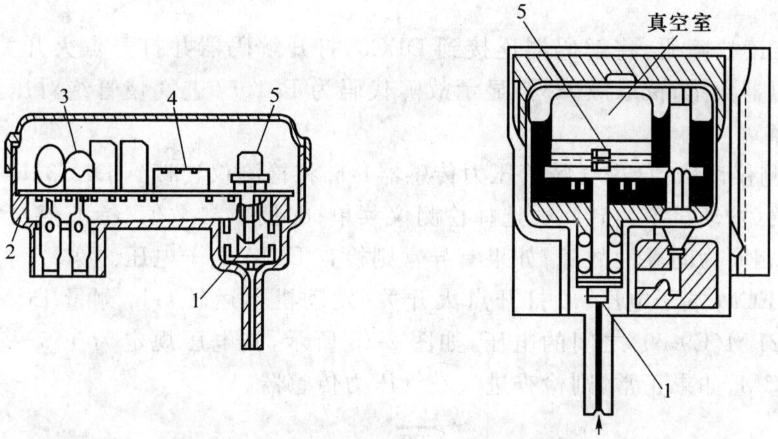

1—滤清器；2—塑料外壳；3—MFI过滤器；4—混合集成电路；5—压力转换元件

图 2-13　半导体压敏电阻式进气歧管压力传感器

检测进气歧管压力，ECM 根据进气歧管压力传感器输出的电压确定基本喷油量和喷油提前角。进气歧管压力传感器监控进气歧管内的绝对压力[默认值为 0 kPa(0 mmHg)]，其进气压力与输出电压关系如图 2-14 所示。

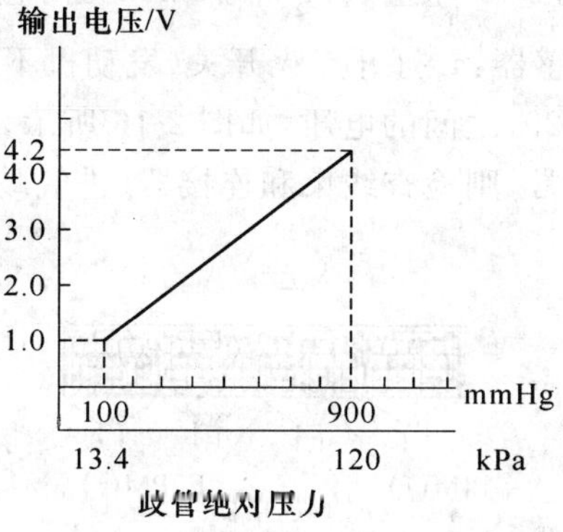

图 2-14　进气压力与输出电压的关系

二、进行检测

1. 车辆及检测仪准备

丰田威驰轿车、万用表、解码器、示波器、防护用品；检查检测仪器；连接检测仪线缆；找到汽车自诊断连接器。

2. 检测

首先读取故障码，把解码器连接到故障诊断插座，并打开电源开关。操作流程：打开点火开关，但不启动发动机，操作解码器菜单进入，读取故障码。然后根据故障代码提示使用万用表或示波器进行故障检测，找出故障部位，并排除。

3. 技能训练

1）检测前准备：放置车轮挡块，安装翼子板布，安装前格栅布，安装地板垫，安装方向盘套，拉紧手刹。

2）检测：读故障码，将解码器连接到 DLC3；打开解码器并打开点火开关（发动机不运转）；选择解码器菜单；读取故障码，显示故障代码为 P0105（进气歧管绝对压力传感器及其线路出现故障）。

3）用检测仪读取值（进气歧管压力传感器）：a. 将检测仪连接到 DLC3；b. 打开检测仪并打开点火开关（发动机不运转）；c. 选择检测仪菜单；d. 读取参数值（标准值与实际大气压力相同）。如果相同为间歇性故障；如果有异常则检查 ECM 端子电压。

4）检查 ECM 端子电压：a. 打开点火开关（发动机不运转）；b. 测量 ECM 端子 VCPM（E9-17）与 E2PM（E9-29）之间的电压，如图 2-15 所示，其电压规定为 4.5～5.5 V，如果异常，则更换 ECM；如果正常，则检查进气歧管压力传感器。

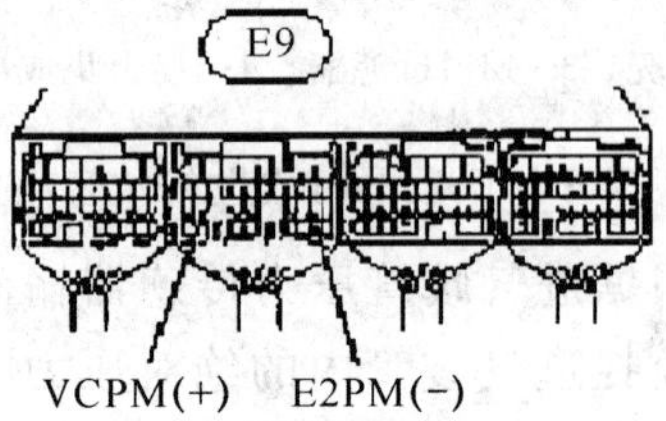

图 2-15　测量 VCPM 与 E2PM 之间电压

5）检查进气歧管压力传感器：a. 打开点火开关（发动机不运转）；b. 测量 ECM 连接器端子 PIM（E9-12）与 E2PM（E9-29）之间的电压，如图 2-16 所示，其电压规定为 3.1～4.1 V，如果正常，则更换 ECM；如果异常，则检查线束和连接器（进气歧管压力传感器—ECM）。

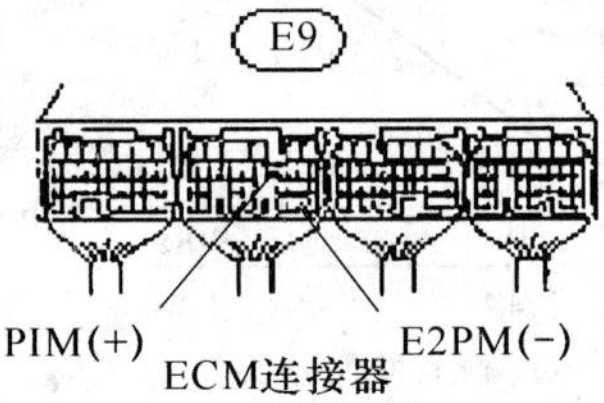

图 2-16　测量 PIM 与 E2PM 之间电压

6）检查线束和连接器（进气歧管压力传感器—ECM）：a. 断开歧管压力传感器连接器 V1；b. 断开 ECM 连接器 E9；c. 检查电阻，其标准电阻为：断路检查时，PIM（V1-2）与 PIM（E9-12）、VC（V1-3）与 VCPM（E9-17）、E2（VC1-1）与 E2PM（E9-29）之间的电阻规定小于 1 Ω；短路检查时，PIM（V1-2）或 PIM（E9-12）与车身搭铁、VC（V1-3）或 VCPM（E9-17）与车身搭铁、E2（VC1-1）或 E2PM（E9-29）与车身搭铁，规定电阻为 10 kΩ 或更大；如果异常，修理或更换线束或连接器；如果正常，更换歧管压力传感器；d. 重新连接歧管压力传感器连接器；e. 重新连接 ECM 连接器。

4. 拆卸整理

清理场地和工具，拆除防护用品及安全装置。

5. 总结

在断开连接器时，手不能握住线束拔下，而是要握住连接器的端子，以免损坏线路。

三、知识拓展

（一）真空膜盒式进气歧管绝对压力传感器的检测

1. 结构与工作原理

真空膜盒传动的可变电感式进气歧管绝对压力传感器如图 2-17，主要由膜盒、铁心、感应线圈和电子电路等组成。膜盒由薄金属片焊接而成，其内部被抽成真空，外部与进气歧管相通。外部压力变化将使膜盒产生膨胀和收缩的变化，置于感应线圈内部的铁心和膜盒联动。感应线圈由两个绕组组成，如图 2-18。产生交流电压，在线圈周围产生磁场，另一个为感应绕组，产生信号电压。当进气歧管压力变化时，膜盒带动铁心在磁场中移动，使感应线圈产生的信号电压随之变化。该信号电压由电子电路检波、整形和放大后，作为传感器的输出信号送至 ECU。

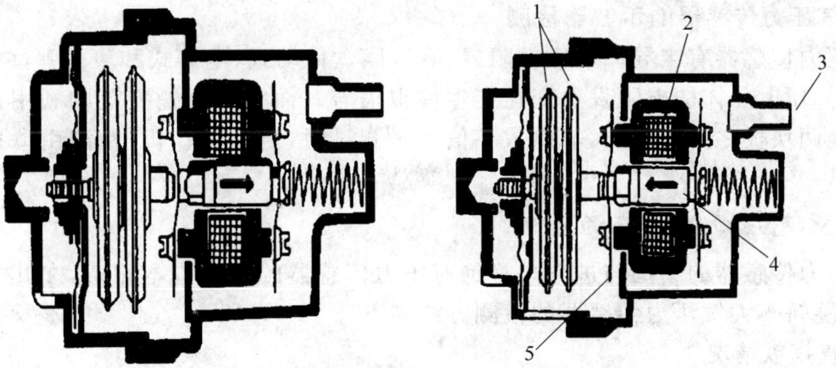

1—膜盒；2—感应线圈；3—至进气歧管；4—铁心；5—回位弹簧

图 2-17　可变电感式进气歧管绝对压力传感器

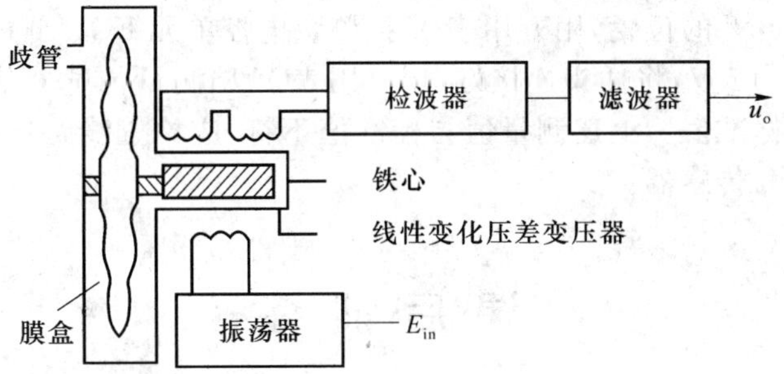

图 2-18　感应线圈

2. 传感器输出信号电压值的检测

由于这种传感器是利用 12 V 电源完成变压作用的，所以拔下插座就无法检测传感器的好坏。检测时，将万用表 V 挡的表笔分别插入导线连接器与两端子接触，如图 2-19。测量其输出电压。测量方法如下：在不动插座的情况下闭合点火开关（ON），将万用表表笔与 V_S、E 两端子接触。在开放真空管道、加上大气压的情况下，电压值约为 1.5 V，而在用嘴对真空管道吸气的情况下，电压值应从 1.5 V 起向降低方向变化，发动机怠速运转时，电压值约为 0.4 V，而当发动机转速升高时，此时电压值也升高。拔下真空管，测量电压值，电压值应随着发动机转速的升高而上升。

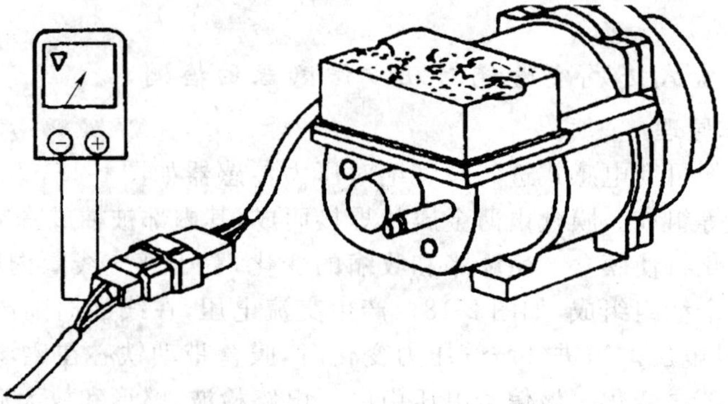

图 2-19　用万用表测传感器的输出电压

3. 进气压力传感器的示波器检测

进气压力传感器有半导体压敏电阻式、真空膜盒传动式、电容式和表面弹性波式等。当电压变化时，压电晶体的电阻发生变化产生模拟信号。而电容陶瓷装置则利用进气歧管真空度来改变两块板之间的距离，输出数字信号。测试时，启动发动机，检测由怠速逐渐加速的信号。

（二）大气压力传感器的检测

大气压力传感器的结构与进气歧管绝对压力传感器的结构基本相似，在此主要介绍检测方法，三菱轿车大气压力传感器的检测方法如下。

1. 检查搭铁情况

拆下大气压力传感器与电控单元 ECU 间的插头，用万用表 Ω 挡测量传感器电控单元 ECU 侧插座端子与搭铁间的电阻，其值应为 0，否则应检查 ECU 的搭铁情况。

2. 检查各端子间的电压值

点火开关置于“ON”的位置，用万用表 V 挡测量电控单元 ECU 侧的插头与搭铁之间的电压值，其电压值应为 5 V，将插头连接好，用万用表 V 挡测量传感器信号输出端的输出电压信号值，其值应为标准值。上述测量值与标准值不符，应检查线路连接状况，如果线路良好，则应更换大气压力传感器。

课后训练

（1）通过换一款车型，对进气歧管压力传感器进行检修，分析故障原因并简单叙述出检修步骤。

（2）把下列英文和对应的中文用短线连接。

Manifold Absolute Pressure Sensor(MAP)	测量
Barometric Pressure Sensor(BPS)	燃油蒸发压力传感器
Turbocharging pressure sensor (TPS)	进气歧管绝对压力传感器
Vapor Pressure Sensor	大气压力传感器
Measured	涡轮增压传感器

学习情境三　位置传感器(PS)电路的检测诊断与修复

任务引领:有一辆丰田威驰轿车,车主反映,发动机加速不良,燃油消耗高,通过汽车诊断计算机检测到有与发动机节气门位置传感器相关的故障码,需对节气门位置传感器及其电路进行检查,确定故障部位,并维修更换。

告知学生:

一、教学内容

检测与诊断位置传感器(position sensor)。

二、教学目标

通过学习位置传感器的结构与工作原理,会检测诊断位置传感器及排除故障。

知识目标:①了解解码器的结构和功用;②正确使用检查设备检测位置传感器控制电路。

能力目标:①能够规范地检查位置传感器;②查阅相关维修资料,能够对不同的位置传感器进行检测与诊断。

情感目标:①审美观——让学生养成正确的审美观,激发学习激情;②融入——让学生如临其境,促进知情融合;③信念——通过直观教学,让学生产生学习的信念。

实施教学

一、知识铺垫

位置传感器的分类

(一)节气门位置传感器(TPS)的结构与电路检测

节气门由驾驶员通过加速踏板,以改变发动机的进气量,从而控制发动机的运转。不同的节气门开度标志着发动机的不同运转工况。为了使喷油量满足不同工况的要求,电子控制汽油喷射系统在节气门体上装有节气门位置传感器。它可以将节气门的开度转换成电信号输送给 ECU,作为 ECU 判定发动机运转工况的依据,节气门位置传感器有开关量输出型和线性可变电阻输出型两种。

1. 开关量输出型节气门位置传感器

(1) 结构和功用

节气门位置传感器安装在节气门体上,用来检测节气门开度,将此信号送入 ECM。开关量输出型节气门位置传感器又称为节气门开关。它有两副触点，分别为怠速触点(IDL)和全负荷触点(PSW)，如图 2-20 所示。由一个和节气门同轴的凸轮控制两开关触点的开启和闭合。节气门处于全关闭的位置时，怠速触点 IDL 闭合，ECU 根据怠速开关的闭合信号判定发动机处于怠速工况，从而按怠速工况的要求控制喷油量；节气门开时，怠速触点打开，ECU 根据这一信号进行从怠速到小负荷的过渡工况的喷油控制；全负荷触点在节气门由全闭位置到中小开度范围内一直处于开启状态，节气门打开至一定角度的位置时，全负荷触点开始闭合，向 ECU 送出发动机处于全负荷运转工况的信号，ECU 根据此信号进行全负荷加浓控制。丰田 1G-EU 发动机电子控制系统用的开关量输出型节气门位置传感器，其与 ECU 的连接电路如图 2-21 所示：

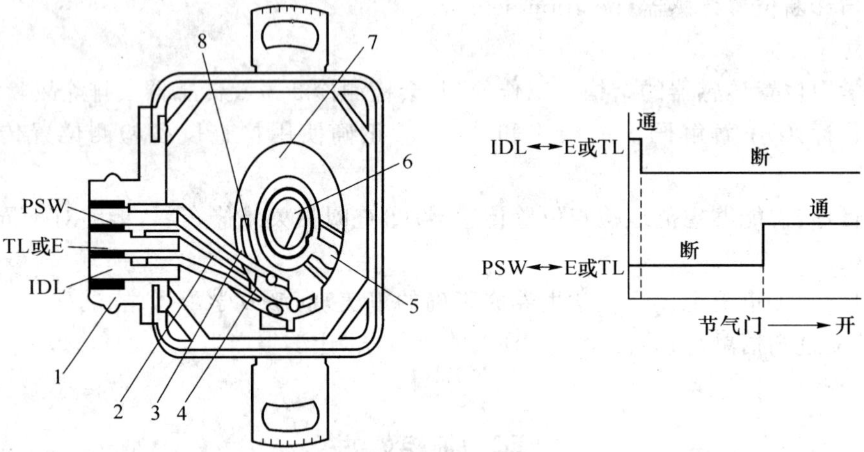

1—连接器；2—动触点；3—全负荷触点；4—怠速触点；5—控制臂；6—节气门轴；7—凸轮；8—槽

图 2-20 开关量输出型节气门位置传感器

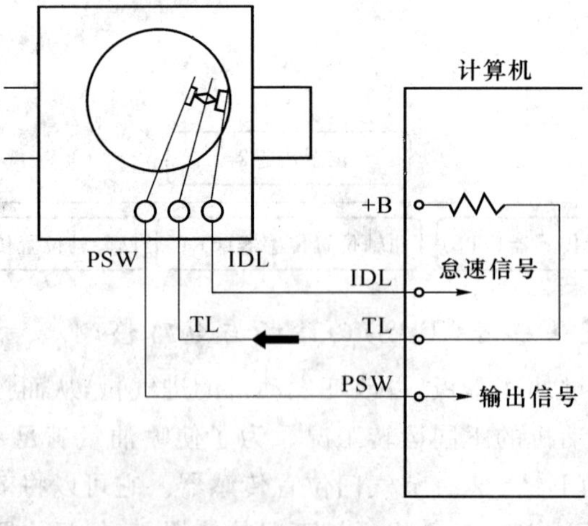

图 2-21 丰田 1G-EU 开关量输出型节气门位置传感器与 ECU 的连接电路

(2) 开关量输出型节气门位置传感器的检查调整

① 就车检查端子间的导通性；

② 节气门位置传感器的单体检查；

③ 开关量输出型节气门位置传感器的调整；

2. 线性可变电阻输出型节气门位置传感器的检测

(1) 线性可变电阻输出型节气门位置传感器的结构与电路

线性可变电阻型节气门位置传感器是一种线性电位计，电位计滑动触点由节气门轴带动，其结构和电压信号输出特性如图 2-22 所示。

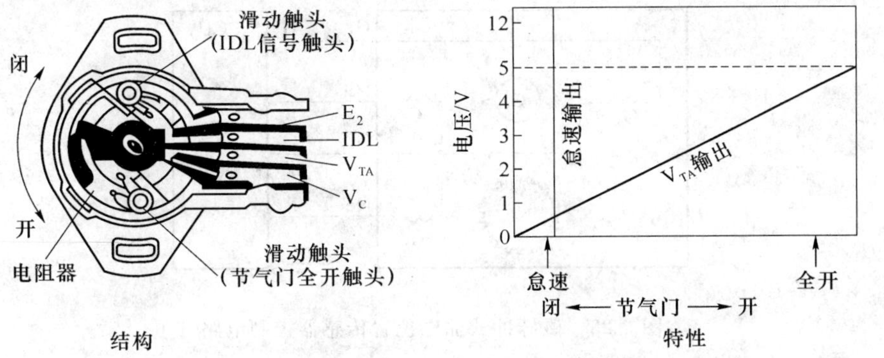

图 2-22 线性可变电阻输出型节气门位置传感器

在不同的节气门开度下，电位计的电阻值也不同，从而将节气门开度变为电压信号输送给 ECU，ECU 通过节气门位置传感器可以获得表示节气门由全闭到全开的所有开启角度的、连续变化的电压信号，以及节气门开度的变化率，从而更精确地判定发动机的运行工况，一般在这种节气门位置传感器中，也设有一怠速触点 IDL，以判定发动机的怠速工况。

现代汽车常用线性输出型节气门位置传感器。

(2) 线性可变电阻输出型节气门位置传感器的检查调整

① 检查怠速触点导通情况。关闭点火开关，拔下传感器连接器，用万用表检查连接器上 IDL 触点导通情况。当节气门关闭时，端子间应导通，电阻为零，当节气门全开时，端子间不导通，电阻为∞，否则，应更换传感器。

② 检查传感器的电阻。关闭点火开关，拔下传感器连接器，用万用表 Ω 挡测量端子间的电阻，其电阻值应随着节气门开度的增大而呈现线性增大。检查方法，在节气门限位螺钉与限位杆之间插入厚薄规，用万用表 Ω 挡测量传感器导线连接器上各端子间电阻值应符合标准值。

③ 检查传感器电压。将导线连接器装好，打开点火开关，ECU 连接器各端子上应存在电压，电压应符合标准值。

④ 调整节气门位置传感器。拧松螺钉，在限位螺钉与限位杆之间插入 0.50 mm 塞尺，用万用表 Ω 挡测量 IDL 和 E_2 端子导通情况。逆时针转动传感器，使触点断开，再顺时针方向慢慢转动传感器，直到怠速触点闭合为止，再拧紧固定螺钉，先后用 0.45 mm 和 0.55 mm 的塞尺插入节气门限位螺钉和限位杆之间，测量怠速触点 IDL 和 E_2 端子间应导通，当塞尺为 0.45 mm时，IDL 和 E_2 端子间应导通；当用 0.55 mm 厚薄规时，端子间应不导通，否则，应再次调整节气门位置传感器。

（二）曲轴位置传感器(CKP)的结构与电路检测

曲轴位置传感器是发动机电子控制系统中最主要的传感器之一，检测曲轴转角和发动机转速，ECM 根据此信号可以控制燃油喷射时间和点火正时。提供点火正时，确认曲轴位置的信号，用于检测活塞上止点、曲轴转角及发动机转速。曲轴位置传感器所采用的结构随车型而不同,可分为磁脉冲式、光电式和霍尔式三大类,它通常安装在曲轴前端、凸轮轴前端、飞轮上或分电器内。

1. 磁脉冲式曲轴位置传感器的检测

以丰田 2JZ-GE 型发动机电子控制系统中使用的磁脉冲式曲轴位置传感器为例讨论其检测方法,控制电路如图 2-23 所示。

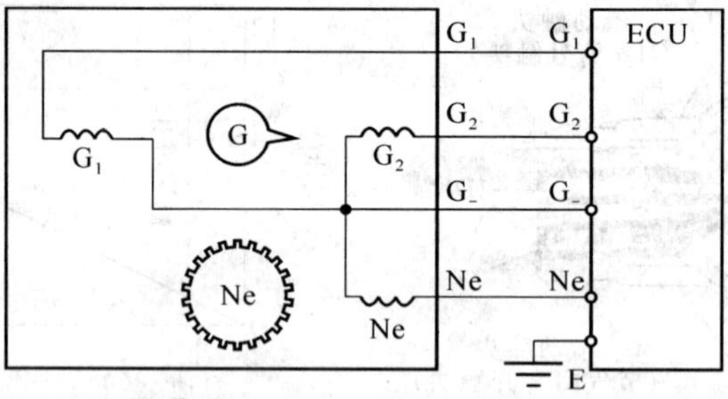

图 2-23　磁脉冲式曲轴位置传感器控制电路

(1) 曲轴位置传感器的电阻检测

将点火开关置于“OFF”位置,拔下曲轴位置传感器上的电源插头,用万用表的 Ω 挡测量曲轴位置传感器上各端子间的电阻,电阻值应符合表 2-2 中的规定。如电阻值不在规定的范围内,须更换曲轴位置传感器。

表 2-2　曲轴位置传感器的电阻值

端子	条件	电阻值/Ω	端子	条件	电阻值/Ω
G_1-G_-	冷态	125～200	Ne-G_-	热态	160～235
	热态	160～235		冷态	155～250
G_2-G	冷态	125～200		热态	190～290

(2) 曲轴位置传感器输出信号的检查

拔下曲轴位置传感器上的电源插头,当发动机转动时,用万用表的 V 挡检测曲轴位置传感器上 G_1-G_-、G_2-G、Ne-G_- 端子间是否有脉冲电压信号输出,如没有脉冲电压信号输出,须更换曲轴位置传感器。

(3) 感应线圈与正时转子间隙的检查

用厚薄规测量正时转子与感应线圈凸出部分的空气间隙,如图 2-24 所示,其间隙应为 0.2～0.4 mm,若不合要求,则须调整或更换分电器总成。

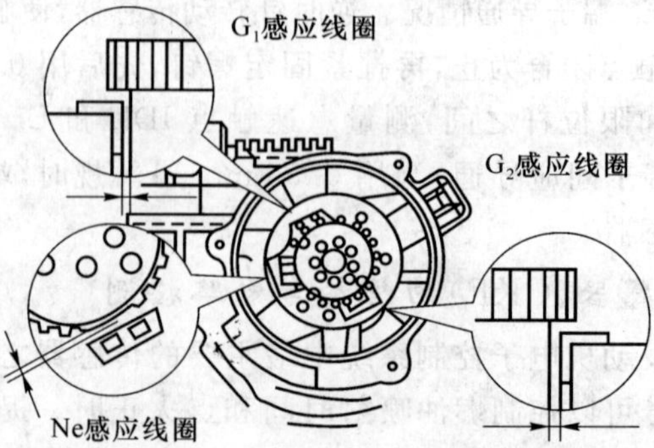

图 2-24　测量正时转子与感应线圈凸出部分的空气间隙

(4) 磁脉冲式曲轴位置传感器的示波器检测

磁脉冲式曲轴位置传感器若以电压表测量，只能获得平均电压数值，而用示波器检测则能得到感应波形，良好的波形在 0 V 上下的幅值应基本一致，而且随着发动机转速增加而增加，幅值、频率和波形在确定的条件下是一致的、可重复的、有规律的和可预测的。用双踪示波器，可在显示屏上同时显示被检测的曲轴位置传感器和凸轮轴位置传感器两个波形，从而可检查凸轮轴与曲轴之间的正时关系。

2. 光电感应式曲轴位置传感器的检测

(1) 曲轴位置传感器线束的检测

如图 2-25 所示为韩国“现代 SONATA ”汽车光电感应式曲轴位置传感器电源插头的端子位置和检查方法。检查时，拔下曲轴位置传感器上的电源插头，将点火开关置于“ON”位置，用万用表的 V 挡测量线束侧 4＃端子与地间电压应为 12 V，线束侧 2＃端子和 3＃端子与地面间电压应为 4.8～5.2 V，用万用表的 Ω 挡测量线束侧 1＃端子与地间应为 0 Ω(导通)。

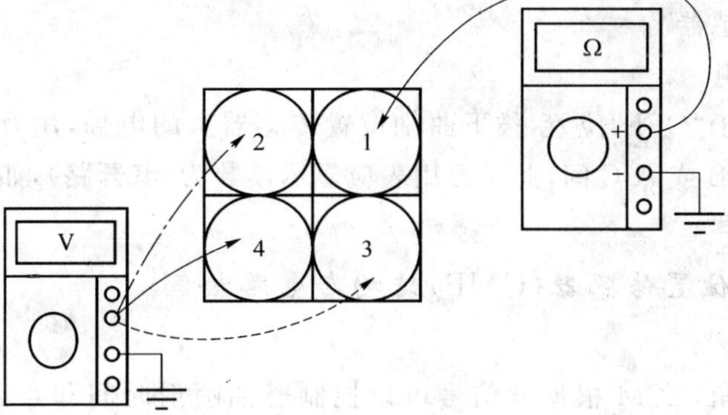

图 2-25　光电感应式曲轴位置传感器电源插头

(2) 光电感应式曲轴位置传感器输出电压信号的检测

用万用表的 V 挡检测传感器 3＃端子和 1＃端子的电压，在启动发动机时，电压应为 0.2～1.2 V。在启动发动机后的怠速运转期间，用万用表 V 挡检测 2＃端子和 1＃端子电压应为 1.8～2.5 V，否则应更换曲轴位置传感器。

3. 霍尔式曲轴位置传感器的检测

霍尔式曲轴位置传感器是利用霍尔效应的原理，产生与曲轴转角相对应的电压脉冲信号的。它是利用触发叶片或轮齿改变通过霍尔元件的磁场强度，从而使霍尔元件产生脉冲的霍尔电压信号，经放大整形后即为曲轴位置传感器的输出信号。霍尔式曲轴位置传感器的检测方法有一个共同的特点，即主要通过测量有无输出脉冲信号来判断其工作性能是否良好。下面以北京切诺基的霍尔式曲轴位置传感器为例来说明其检测方法。曲轴位置传感器的控制电路如图 2-26 所示，三端子分别为：电源、信号和搭铁。当飞轮齿槽通过传感器时，霍尔传感器输出脉冲信号，高电位为 5 V，低电位为 0.3 V。

(1) 传感器电源电压的测试

将点火开关置于“ON”位置，用万用表 V 挡测量 ECU 一侧 7＃端子与搭铁之间的电压应为 8 V，在传感器导线连接器“A”端子处测量电压也应为 8 V，否则为电源线断路或接头接触不良等。

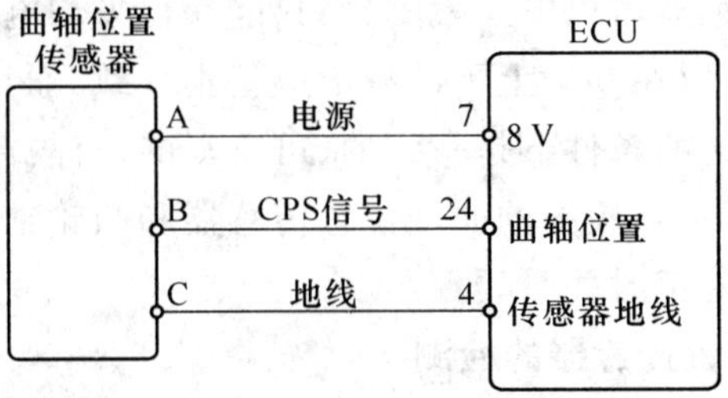

图 2-26　北京切诺基霍尔式曲轴位置传感器的控制电路

(2) 端子间电压的检测

用万用表的 V 挡，对传感器的 ABC 三个端子间进行测试，当点火开关置于“ON”位置时，A-C 端子间的电压值约为 8 V；B-C 端子间的电压值在发动机转动时，应在 0.3～5 V 之间变化，而且数值显示呈脉冲性变化，最高电压 5 V，最低电压 0.3 V。如不符合以上结果，应更换曲轴位置传感器。

(3) 电阻的检测

将点火开关置于“OFF”位置，拔下曲轴位置传感器上的电插，用万用表 Ω 挡跨接在传感器一侧的端子 A-B 或 A-C 间，此时万用表应显示读数为∞(开路)，如果指示有电阻，则应更换曲轴位置传感器。

(三) 凸轮轴位置传感器(CMP)结构与电路检测

1. 结构与功用

检测凸轮轴转角，ECM 根据此信号可以控制燃油喷射时间和点火正时以及 VVT 系统。霍尔式凸轮轴位置传感器安装在进气凸轮的一端，其结构如图 2-27 所示，它主要由霍尔传感器和信号转子组成，霍尔式凸轮轴位置传感器与 ECU 的连接电路如图 2-28 所示。

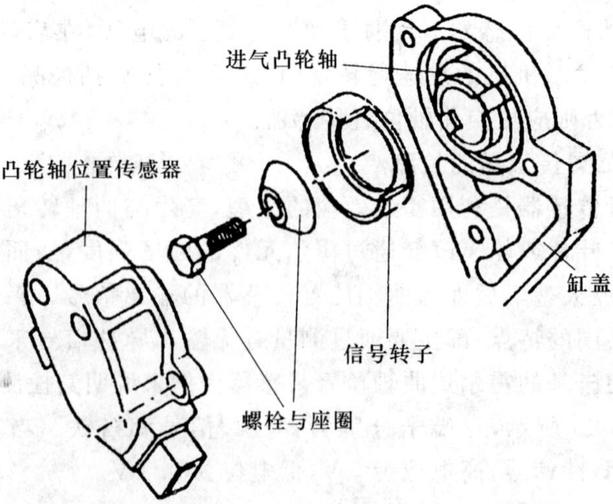

图 2-27　霍尔式凸轮轴位置传感器结构

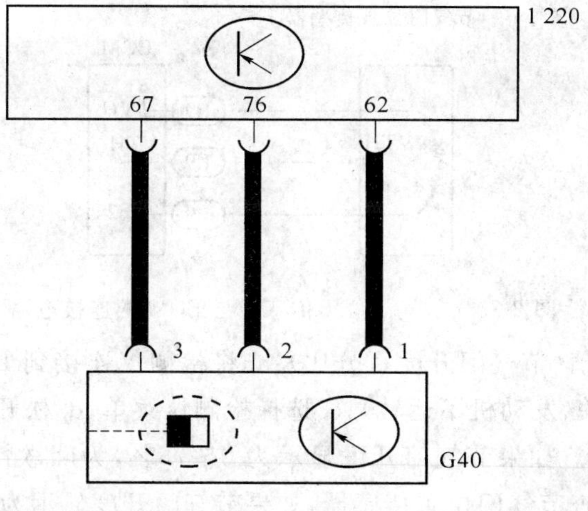

图 2-28　霍尔式凸轮轴位置传感器与 ECU 的连接电路

2. 凸轮轴位置传感器的检测

(1) 检查传感器电源电压

关闭点火开关,拔下传感器连接器插头,用万用表检查电压,将正负表笔分别与连接器端子 1 与 3 相连接,打开点火开关时,电压应为 4.5 V 以上。如果电压为零,说明线束有断路,短路故障,当关闭点火开关后,应再检查导线有无断路或短路。

(2) 检查导线电阻

用万用表检查传感器端子与 ECU 的端子间的电阻值,各导线电阻值应不大于 1.5 Ω,如果电阻过大或为∞,说明线束接触不良或导线断路,应进行检修。

二、进行检测

1. 车辆及检测仪准备

丰田威驰轿车、万用表、解码器、示波器、防护用品;检查检测仪器;连接检测仪线缆;找到汽车自诊断连接器。

2. 检测

首先读取故障码,把解码器连接到故障诊断插座,并打开电源开关。操作流程:打开点火开关,但不启动发动机,操作解码器菜单进入,读取故障码。然后根据故障代码提示使用万用表或示波器进行故障检测,找出故障部位,并排除。

3. 技能训练

1) 检测前准备:放置车轮挡块,安装翼子板布,安装前格栅布,安装地板垫,安装方向盘套,拉紧手刹。

2) 检测:读故障码,将解码器连接到 DLC3;打开解码器并打开点火开关(发动机不运转);选择解码器菜单;读取故障码,用检测仪读故障码时,如果节气门位置传感器及其线路出现故障,显示故障代码为 P0120。丰田威驰节气门位置传感器与 ECM 的连接电路如图2-29所示。

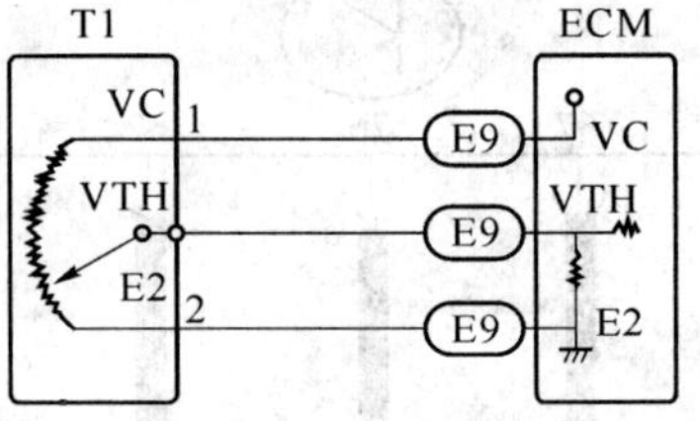

图 2-29　节气门位置传感器与 ECM 的连接电路

3）用检测仪读取值（节气门开度百分比）：a. 将检测仪连接到 DLC3，如图所示；b. 打开检测仪并打开点火开关（发动机不运转）；c. 选择检测仪菜单；d. 松开和踏下加速踏板时按图 2-30 所示，读取参数值。如果节气门开度显示为 0～75％，为间歇性故障；如果节气门开度显示为 0％（恒定），检查节气门位置传感器；如果节气门开度显示为 100％（恒定），检查节气门位置传感器。

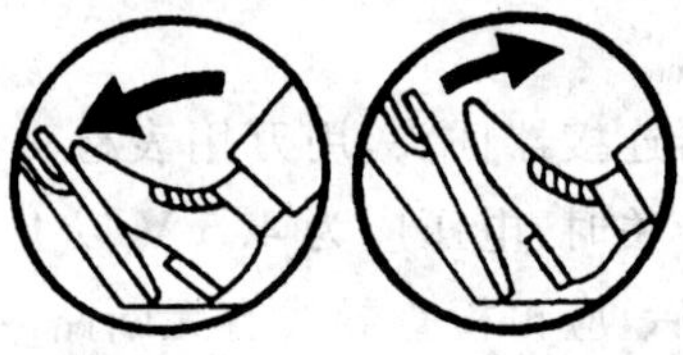

图 2-30　踩下和松开加速踏板

4）检查节气门位置传感器：a. 断开节气门位置传感器连接器 TP；b. 测量节气门位置传感器端子间的电阻，如图 2-31 所示。标准电阻为：VC(1) 与 E2(2) 之间 2.5～5.0 kΩ，VTH(3) 与 E2(2) 之间，节气门全关时 0.3～5.8 kΩ；节气门全开时 1.98～9.16 kΩ。如果异常，更换节气门位置传感器；如果正常，检查线束和连接器（节气门位置传感器—ECM）。c. 重新连接进气温度传感器连接器。

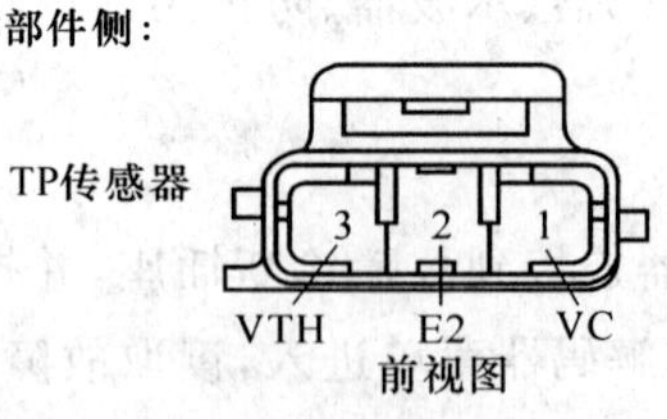

图 2-31　测量节气门位置传感器端子间电阻

5）检查线束和连接器（节气门位置传感器—ECM）：a. 断开 ECM 连接器 E9；b. 测量 ECM 连接器端子间的电阻，如图 2-32 所示，标准电阻为：VC(E9-16) 与 E2(E9-6) 之间 2.5～5.0 kΩ，VTH(E9-13) 与 E2(E9-6) 之间，节气门全关时 0.3～5.8 kΩ；节气门全开时 1.98～9.16 kΩ。c. 检查电阻（短路检查），标准电阻为：VC(E9-16) 和 VTH(E9-13) 与车身搭铁时为 10 kΩ 或更大。如果正常，则更换 ECM；如果异常，修理或更换线束或连接器；d. 重新连接 ECM 连接器。

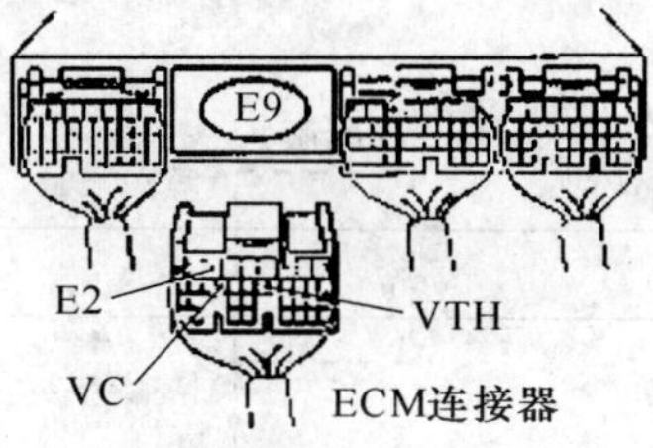

图 2-32　测量 ECM 连接器端子间的电阻

6）检查线束和连接器（ECM—节气门位置传感器）：a. 断开节气门位置传感器连接器 T1；b. 断开 ECM 连接器 E9；c. 检查电阻：如图 2-33 所示。标准电阻为（短路检查）VC（T1-1）与 VC（E9-16）、VTH（T1-3）与 VTH（E9-13）、E2（T1-2）与 E2（E9-6）之间电阻小于 1 Ω；标准电阻为（短路检查）：VC（T1-1）或 VC（E9-16）、VTH（T1-3）或 VTH（E9-13）与车身搭铁时为 10 kΩ 或更大。如果正常，更换 ECM；如果异常，修理或更换线束或连接器；d. 重新连接节气门位置传感器连接器；e. 重新连接 ECM 连接器。

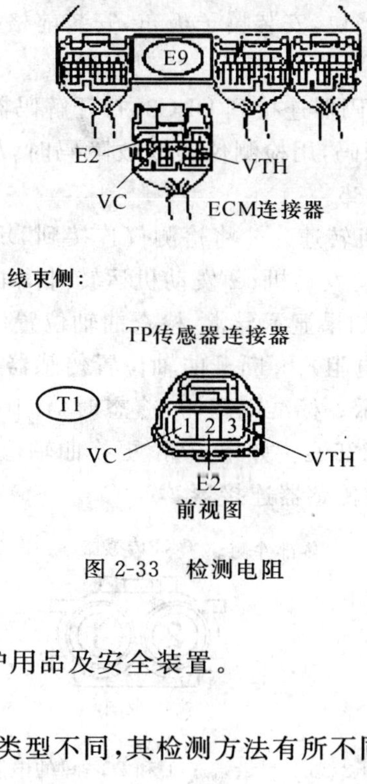

图 2-33　检测电阻

4. 拆卸整理

清理场地和工具，拆除防护用品及安全装置。

5. 总结

节气门位置传感器的结构类型不同，其检测方法有所不同。

三、丰田威驰 2SZ-FE 曲轴位置传感器的检测

丰田威驰 2SZ-FE 曲轴位置传感器与 ECM 的连接电路如图 2-34 所示。

1. 车辆及检测仪准备

丰田威驰轿车、万用表、解码器、示波器、防护用品；检查检测仪器；连接检测仪线缆；找到汽车自诊断连接器。

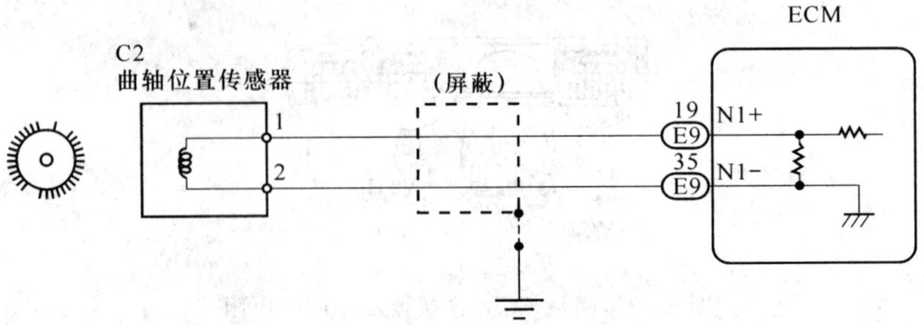

图 2-34　曲轴位置传感器与 ECM 连接电路

2. 检测

首先读取故障码，把解码器连接到故障诊断插座，并打开电源开关。操作流程：打开点火开关，但不启动发动机，操作解码器菜单进入，读取故障码。然后根据故障代码提示使用万用表或示波器进行故障检测，找出故障部位，并排除。

3. 技能训练

1）检测前准备：放置车轮挡块，安装翼子板布，安装前格栅布，安装地板垫，安装方向盘套，拉紧手刹。

2）检测：读取故障码，将解码器连接到 DLC3；打开解码器并打开点火开关（发动机不运转）；选择解码器菜单；读取故障码，用检测仪读取故障码时，如果曲轴位置传感器及其线路出现故障，显示故障代码为 P0335。

3）用检测仪读取值（发动机转速）：a. 将检测仪连接到 DLC3；b. 打开检测仪并打开点火开关；c. 选择检测仪菜单；d. 启动发动机；e. 发动机运转时读取参数值（标准值与实际转速相同）。如果相同为间歇性故障；如果显示异常，检查曲轴位置传感器。

4）检查曲轴位置传感器（电阻）：a. 断开曲轴位置传感器 CKP 连接器 C2；b. 测量端子 1 和 2 之间的电阻，如图 2-35 所示。标准电阻为：冷态时（－100～500 ℃）1 630～2 740 Ω，热态时（500～1 000 ℃）2 065～3 225 Ω。如果异常，更换曲轴位置传感器；如果正常，检查线束和连接器；c. 重新连接曲轴位置传感器连接器。

图 2-35　测量端子 1 和 2 之间的电阻

5）检查线束和连接器（曲轴位置传感器—ECM）：a. 断开曲轴位置传感器连接器 C2；b. 断开 ECM 连接器 E9；c. 检查电阻，如图 2-36 所示。标准电阻为（断路检查）：传感器（C2-1）与 N1＋（E9-19）、传感器（C2-2）与 N1－（E9-35）之间小于 1 Ω；标准电阻为（短路检查）：传感器（C2-1）或 N1＋（E9-19）、传感器（C2-2）或 N1－（E9-35）与车身搭铁之间为 10 kΩ 或更大。如果异常，修理或更换线束或连接器；如果正常，检查传感器的安装情况；d. 重新连接传感器连接器；e. 重新连接 ECM 连接器。

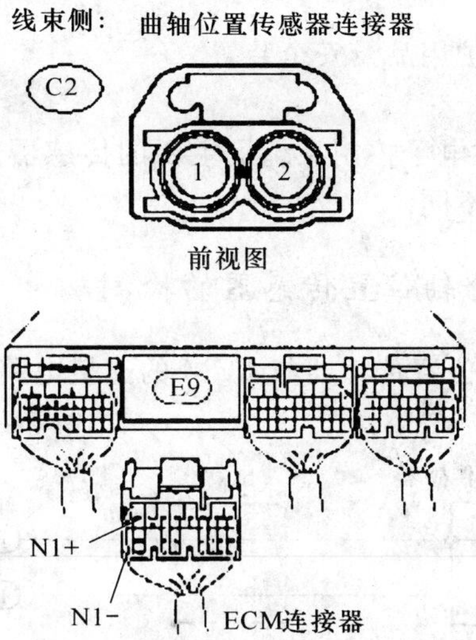

图 2-36　检查电阻

6）检查传感器的安装情况：如图 2-37 所示，正常为传感器安装正确。安装不好时应牢固安装，安装较好，检查曲轴位置信号盘。

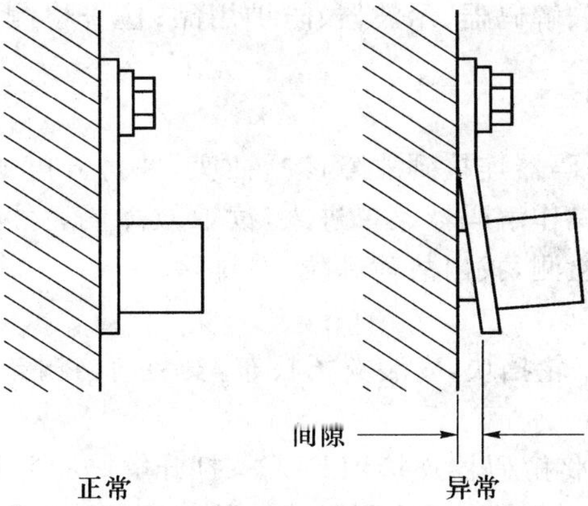

图 2-37　传感器的安装情况

7）检查曲轴位置信号盘：正常为信号盘没有破裂或变形。如果异常，更换信号盘；如果正常，更换 ECM。

8）用示波器检查波形如图 2-38 所示。

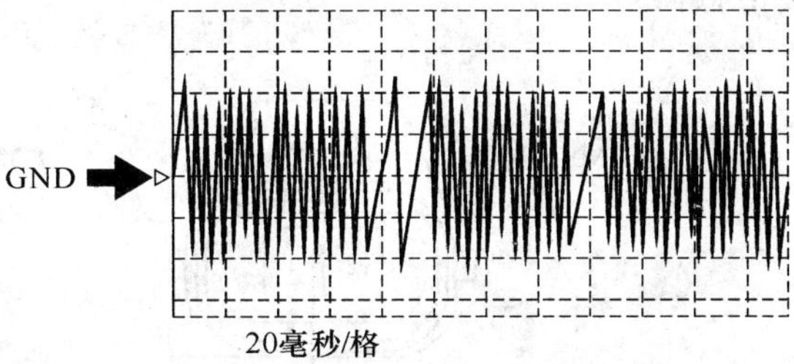

图 2-38　用示波器检查波形

4. 拆卸整理

清理场地和工具，拆除防护用品及安全装置。

5. 总结

曲轴位置传感器是发动机电子控制系统最主要的传感器之一，不同的车型采用不同类型的传感器，其检测方法有所不同。

四、丰田威驰 2SZ-FE 凸轮轴位置传感器的检测

丰田威驰 2SZ-FE 凸轮轴位置传感器与 ECM 的连接电路如图 2-39 所示。

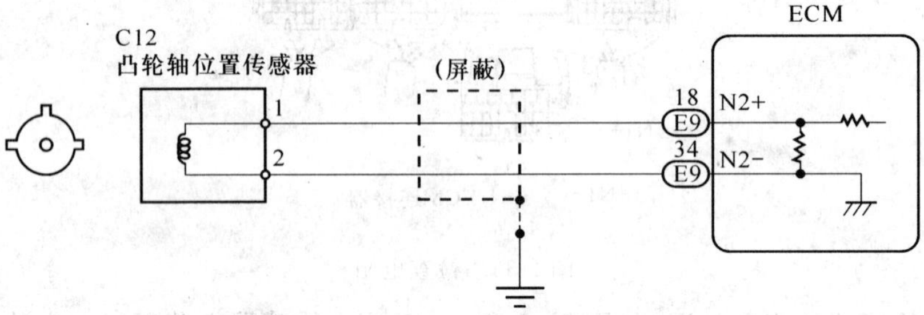

图 2-39 凸轮轴传感器与 ECM 的连接电路

1. 车辆及检测仪准备

丰田威驰轿车、万用表、解码器、示波器、防护用品；检查检测仪器；连接检测仪线缆；找到汽车自诊断连接器。

2. 检测

首先读取故障码，把解码器连接到故障诊断插座，并打开电源开关。操作流程：打开点火开关，但不启动发动机，操作解码器菜单进入，读取故障码。然后根据故障代码提示使用万用表或示波器进行故障检测，找出故障部位，并排除。

3. 技能训练

1）检测前准备：放置车轮挡块，安装翼子板布，安装前格栅布，安装地板垫，安装方向盘套，拉紧手刹。

2）检测：读取故障码，将解码器连接到 DLC3；打开解码器并打开点火开关（发动机不运转）；选择解码器菜单；读取故障码，用检测仪读取故障码时，如果凸轮轴位置传感器及其线路出现故障，显示故障代码为 P0340。

3）检查凸轮轴位置传感器（电阻）：a. 断开凸轮轴位置传感器连接器 C12；b. 测量端子 1 和 2 之间的电阻，如图 2-40 所示，标准电阻为：冷态时（－100～500 ℃）835～1 400 Ω，热态时（500～1 000 ℃）1 060～16 455 Ω。如果异常，更换凸轮轴位置传感器。如果正常，检查线束和连接器；c. 重新连接传感器连接器。

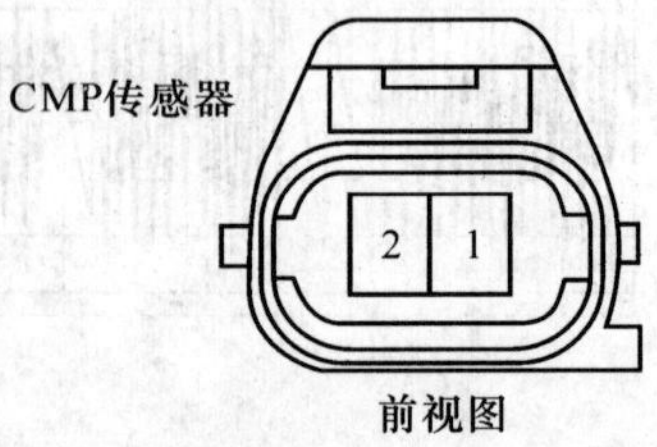

图 2-40 测量端子 1 和 2 之间电阻

4）检查线束和连接器（凸轮轴位置传感器—ECM）：a. 断开凸轮轴位置传感器 CMP 连接器 C12；b. 断开 ECM 连接器 E9；c. 检查电阻：如图 2-41 所示。标准电阻为（断路检查）：传感器（C12-1）与 N2＋（E9-18）、传感器（C12-2）与 N2-（E9-34）之间小于 1 Ω；标准电阻为（短路检查）：传感器（C12-1）或 N2＋（E9-18）、传感器（C12-2）或 N2-（E9-34）与车身搭铁之间为 10 kΩ 或更大。如果异常，修理或更换线束或连接器；如果正常，检查传感器的安装情况；d. 重新连接进气温度传感器连接器；e. 重新连接 ECM 连接器。

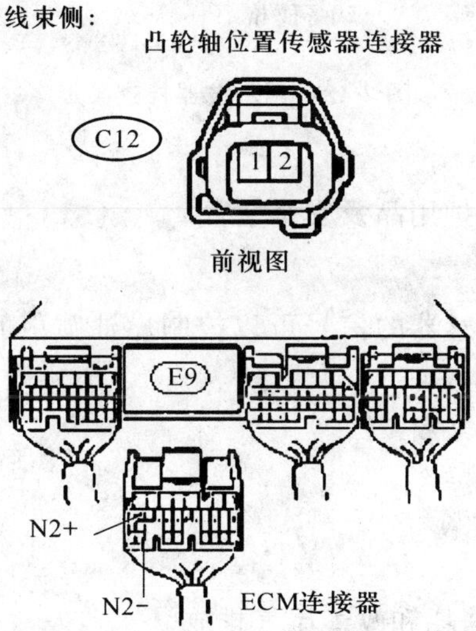

图 2-41　检查电阻

5）检查传感器的安装情况：正常为传感器安装正确。安装不好时应牢固安装，安装较好，检查凸轮轴。如图 2-42 所示。

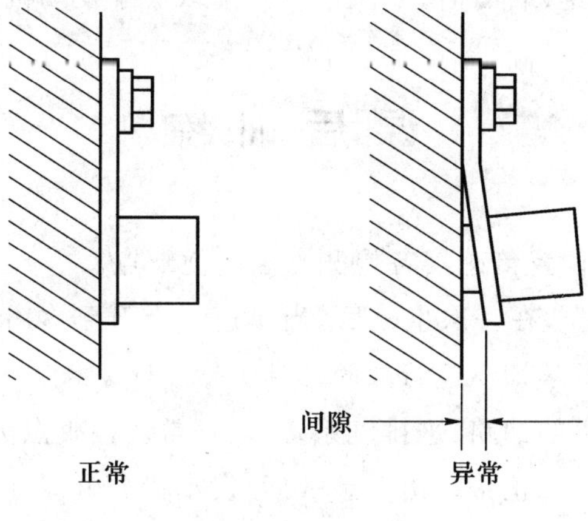

图 2-42　传感器的安装情况

6）检查凸轮轴：正常为凸轮轴没有破裂或变形。如果异常，更换凸轮轴；如果正常，更换 ECM。

7）用示波器检查波形如图 2-43 所示。

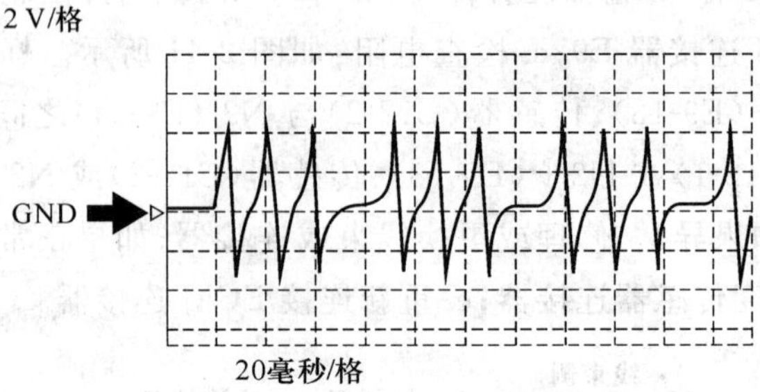

图 2-43　用示波器检查波形

4. 拆卸整理

清理场地和工具，拆除防护用品及安全装置。

5. 总结

ECM 根据凸轮轴位置传感器的信号可以控制燃油喷射时间和点火正时以及 VVT 系统。工作不良，对发动机影响较大。

五、知识拓展

断油控制

作用：减速时，降低燃油消耗和改善尾气排放。

工作原理：在发动机急减速运行过程中，节气门突然关闭，而此时发动机由于惯性还保持在较高的车速，在发动机转速还没有下降到设定转速之前，发动机电控单元（ECU）判定此时为不需要供给燃油的减速状态，停止燃油供应。当发动机转速下降到接近怠速转速时，重新开始喷油。发动机减速断油和恢复供油的转速取决于发动机水温的高低。

课后训练

（1）对比分析节气门位置传感器各检测方法的优缺点。

（2）一辆丰田威驰轿车，在一次事故后，当车速一上升到 80 km/h 就出现动力不足、发动机缺火的现象，试利用所学知识进行故障诊断。

故障排除：检查发动机的油路、进排气系统，均正常。检查点火系统，有高压火花。拆检火花塞、高压线、点火线圈，都正常。由于事故后，发动机分电器处发生过碰撞。重点检查分电器，并未发现异常。接着检查曲轴位置传感器波形，发现传感器的波形电压周期性地变大变小，发动机转速越高，这种现象越明显。原来分电器轴在事故中发生了轻微的变形，导致磁感应式曲轴位置传感器与轮齿之间的间隙发生了变化，使得输出信号不正确。更换分电器，故障排除。

① 在本案例的检查中，如果用万用表代替示波器检查曲轴位置传感器信号，能否找到

故障的原因？

② 如果曲轴位置传感器是霍尔式的，会出现这种故障吗？为什么？

③ 把下列英文和对应的中文用短线连接。

CMP	加速踏板传感器
CKP	节气门位置传感器
TPS	感应线圈，传感线圈
Pick-up coil	曲轴位置传感器
APP	凸轮轴位置传感器

学习情境四　空气流量传感器(AFS)电路的检测诊断与修复

任务引领:有一辆丰田卡罗拉轿车,车主反映,发动机启动困难,动力下降,油耗增加,通过汽车诊断计算机的检查,检测出与空气流量传感器相关的故障码,需对空气流量传感器及电路进行检查,确定故障部位,并维修或更换。

告知学生:

一、教学内容

检测空气流量传感器(air flow sensor)电路。

二、教学目标

通过学习空气流量传感器,能够熟练地检测空气流量传感器并能排除故障。

知识目标:①知道空气流量传感器的结构及功用;②正确使用检测设备检测空气流量传感器控制电路。

能力目标:①学会检测空气流量传感器;②能够对空气流量传感器进行故障诊断分析及排除。

情感目标:①培养和谐相处,团结协作的精神;②培养勇于竞争,不断创新的精神。

实施教学

空气流量传感器是发动机控制系统中最重要的传感器之一,用于测量进入汽缸的空气量,该传感器一旦损坏,将严重影响发动机的性能。

一、知识铺垫

空气流量传感器又称空气流量计,它用于现代汽车汽油喷射系统中,安装在空气滤清器和节气门体之间,用来测定吸入发动机中的空气量的多少,作为决定基本喷油量的参数。电子控制汽油喷射发动机为了在各种运转情况下都能获得最佳浓度的混合气,必须正确地测定每一瞬间吸入发动机的空气量,以此作为 ECU 计算(控制)喷油器的主要依据。如果空气流量传感器或线路出现故障,ECU 得不到正确的进气量信号,就不能正常地进行喷油量的控制,将造成混合气过稀或过浓,使发动机运转不正常。

目前常见的空气流量传感器按其结构形式可分为叶(翼)片式,热线式,热膜式,卡门涡旋式等几种。

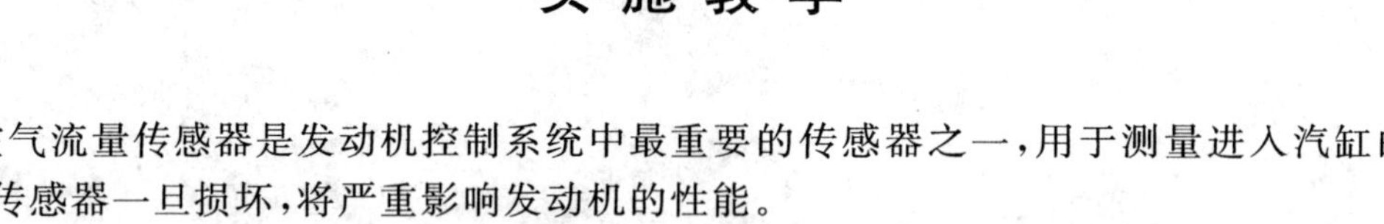

(一)翼片式空气流量传感器的结构与电路检测

1. 结构与功用

翼片式空气流量传感器由空气流量计和电位计两部分组成,如图 2-44 所示,其功用是用来测定吸入发动机中的空气量的多少。空气流量计在进气通道内有一个可绕轴摆动的旋转叶片(测量片),如图 2-45 所示,作用在轴上的卷簧可使测量片关闭进气通路,发动机工作时,进气气流经过空气流量计推动测量片偏转,使其开启。测量片开启角度的大小取决于进气气流对测量片的推力与测量片轴上卷簧弹力的平衡情况。进气量的大小由驾驶员操纵节气门来改变。进气量越大,气流对测量片的推力越大,测量片的开启角度也就越大,在测量片轴上连接着一个电位计,如图 2-46,电位计的滑动臂与测量片同轴同步转动。把测量片开启角度的变化(即进气量的变化)转化为电阻值的变化。电位计通过导线,将连接器与 ECU 连接。

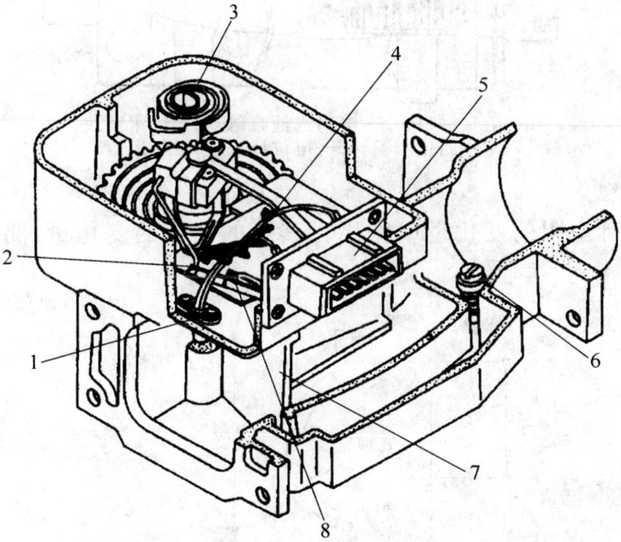

1—进气温度传感器;2—电动汽油泵触点;3—卷簧(回位弹簧);4—电位计;5—导线连接器;
6—CO调节螺钉;7—旋转叶片(测量片);8—电动汽油泵静触点

图 2-44　翼片式空气流量传感器结构

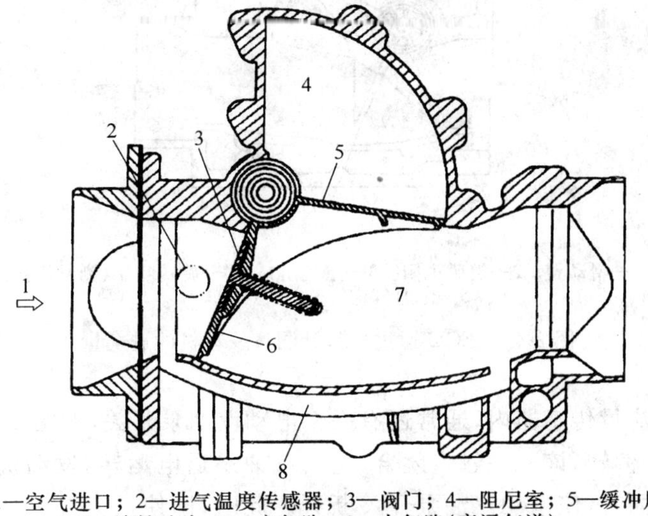

1—空气进口;2—进气温度传感器;3—阀门;4—阻尼室;5—缓冲片;
6—旋转叶片;7—主气路;8—支气路(旁通气道)

图 2-45　空气流量计的旋转翼片

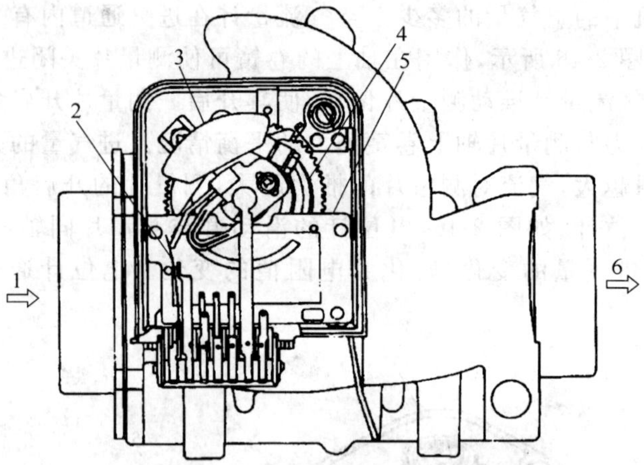

1—空气进口；2—电动汽油泵触点；3—平衡块；
4—回位弹簧；5—电位计；6—空气出口

图 2-46　电位计

ECU 根据电位计电阻的变化量或作用在其上的电压的变化量，测得发动机的进气量。如图 2-47 所示。

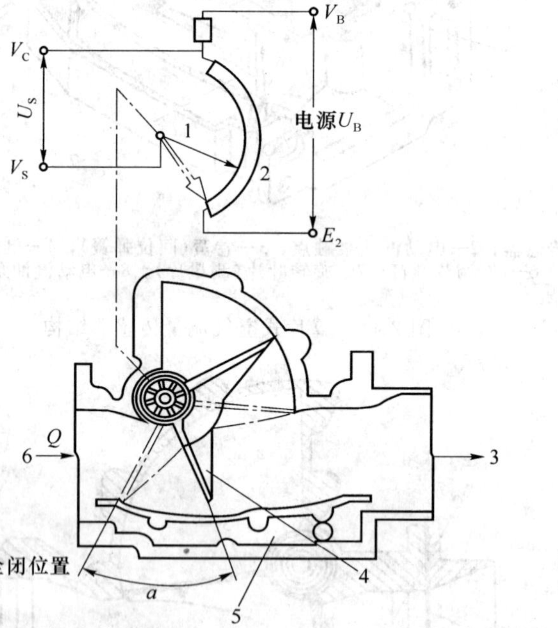

1—滑动臂；2—镀膜电阻；3—空气出口；4—旋转叶片(测量片)；
5—旁通气道；6—空气进口

图 2-47　ECU 通过电位计测量发动机的进气量

2. 电路连接

在翼片式空气流量传感器内，通常还有一个电动汽油泵开关，如图 2-48 所示，当发动机启动运转时，测量片偏转，该开关触点闭合，电动汽油泵通电运转，发动机熄火后，测量片在回转至关闭位置的同时，使电动汽油泵开关断开。此时，即使点火开关处于开启位置，电动汽油泵也不工作。流量传感器内还有一个进气温度传感器，用于测量传感器进气温度，为进气量作温度补偿。叶片式空气流量传感器导线连接器一般有 7 个端子，但也将电位计内部的电动燃油泵控制触点开关取消后，变为 5 个端子。

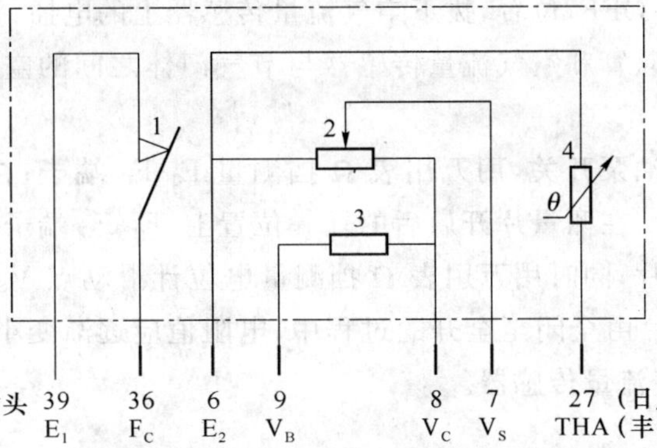

1—电动燃油泵开关；2—可变电阻；3—固定电阻；
4—热敏电阻(进气温度传感器)

图 2-48　电动汽油泵开关

3. 叶片式空气流量传感器的检测

丰田汽车叶片式空气流量传感器的检测，图 2-49 为丰田 PREVIA(大霸王)汽车 2TZ-FE 发动机用叶片式空气流量传感器电路原理图，其检测方法有就车检测和单件检测两种。

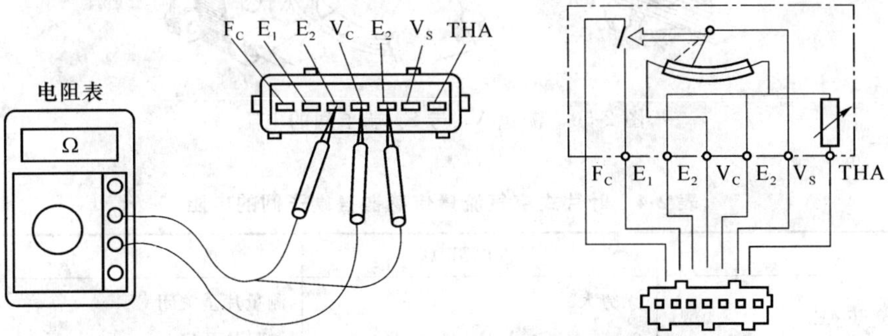

图 2-49　叶片式空气流量传感器电路原理图

(1) 就车检测

将点火开关置于“OFF”位置，拔下空气流量传感器的电源插头，用万用表 Ω 挡测量电源插头内各端子间的电阻，其电阻值应符合表 2-3 中的规定，否则应更换空气流量传感器。

表 2-3　叶片式空气流量传感器各端子间的电阻(丰田 PREVIA 车)

端子	标准电阻/kΩ	温度/℃
V_S-E_2	0.20～0.60	-
V_C-E_2	0.20～0.60	-
	10.00～20.00	−20
	4.00～7.00	0
THA-E_2	2.00～3.00	20
	0.90～1.30	20
	0.40～0.70	60
F_C-E_2	不定	-

(2) 单件检测

将点火开关置于"OFF"位置，拔下空气流量传感器上的电插，拔下空气流量传感器与空气滤清器之间的连接软管和空气流量传感器与节气门体之间的空气软管卡，取下空气流量传感器。

首先检查电动汽油泵开关，用万用表 Ω 挡测量 E_1-F_C 端子；在测量片全关闭时，E_1-F_C 间不应导通，电阻为∞，在测量片开启后的任一位置上，E_1-F_C 端子间应导通(即电阻为 0)。

用旋具推动测量片，同时用万用表 Ω 挡测量电位计滑动点 V_S 与 E_2 端子间的电阻，如图 2-50 所示，在测量片由全闭至全开的过程中，电阻值应逐渐变小，而且符合表 2-4 中的规定，否则必须更换空气流量传感器。

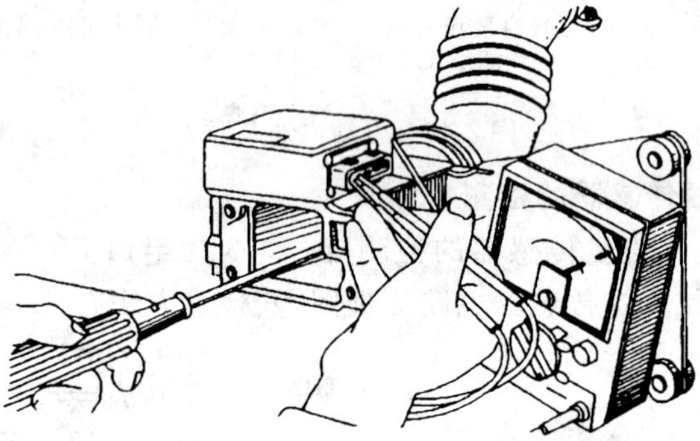

图 2-50 测量 V_S 与 E_2 端子间的电阻

表 2-4 叶片式空气流量传感器各端子间的电阻

端子	标准电阻/Ω	测量片位置
F_C-E_1	无穷大 0	测量片全关闭 测量片开启
V_S-E_2	20～600 20～1 200	测量片全关闭 测量片从关闭到全开

(二) 卡门涡旋式空气流量传感器结构与电路检测

1. 结构与工作原理

卡门涡旋式空气流量传感器在进气道正中间设有一流线形或三角形的涡流发生器，当空气流经涡流发生器时，在其后部的气流中会不断产生一列不对称却十分规则的被称为卡门涡旋的空气涡流。根据卡门涡旋理论，这个涡旋行列紊乱地依次沿气流流动方向移动，其移动的速度与空气流速成正比，即在单位时间内通过涡流发生器后方某点的涡旋数量与空气流速成正比。因此，通过测量单位时间内涡旋的数量就可以计算出空气流速和流量。卡门涡旋式空气流量传感器的结构和工作原理如图 2-51 所示。

2. 电路连接

该传感器与 ECU 的连接电路如图 2-51(c)。

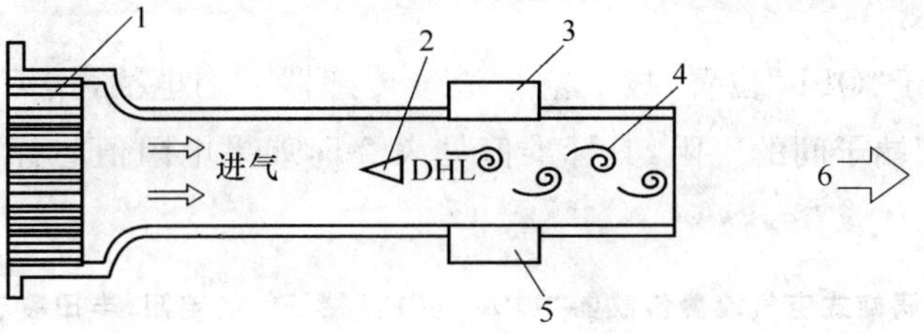

(a) 原理

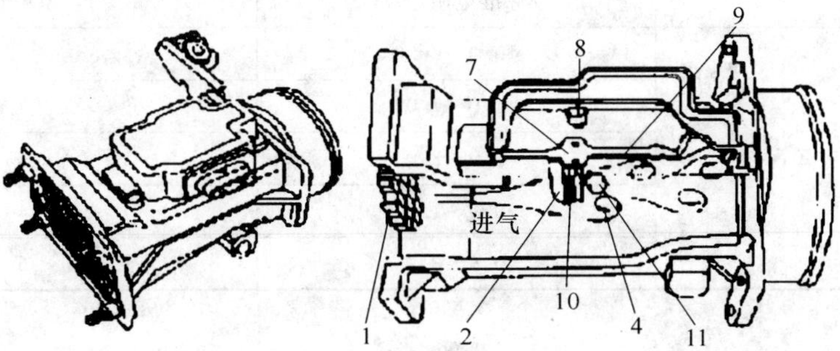

(b) 结构

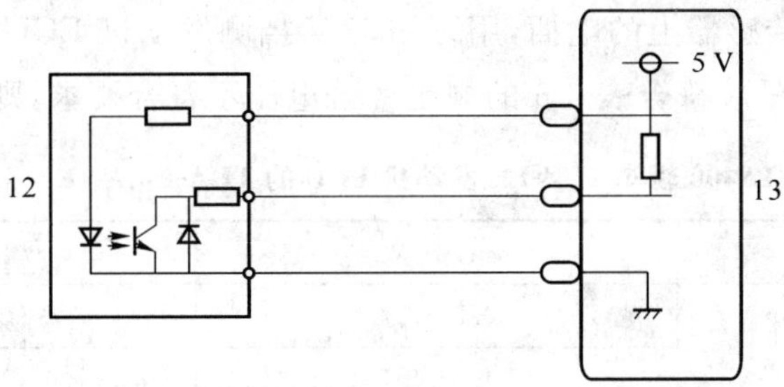

(c) 电路

1—整流栅；2—涡流发生器；3—超声波发生器；4—卡门涡旋；5—至进气管；
6—超声波接收器；7—反光镜；8—发光二极管；9—簧片；10—压力传递孔；
11—光敏三极管；12—流量计内部电路；13—ECU

图 2-51 卡门涡旋式空气流量传感器的结构与原理

3. 卡门涡旋式空气流量传感器电阻的检测

以丰田凌志 LS400 轿车 1UZ-FE 发动机用反光镜检出式空气流量传感器为例。该传感器与 ECU 的连接电路如图 2-52 所示。

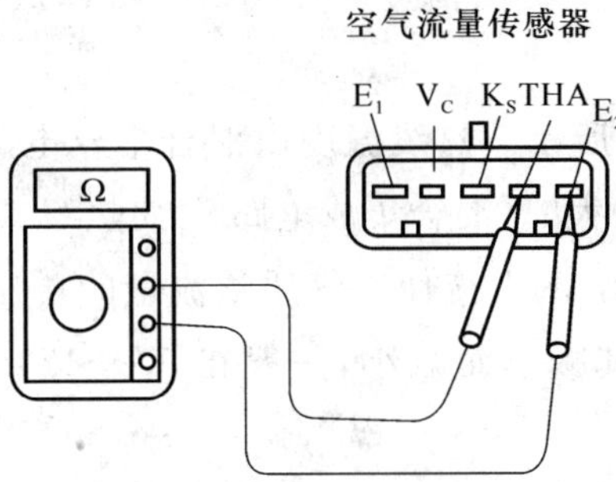

(a) 检测

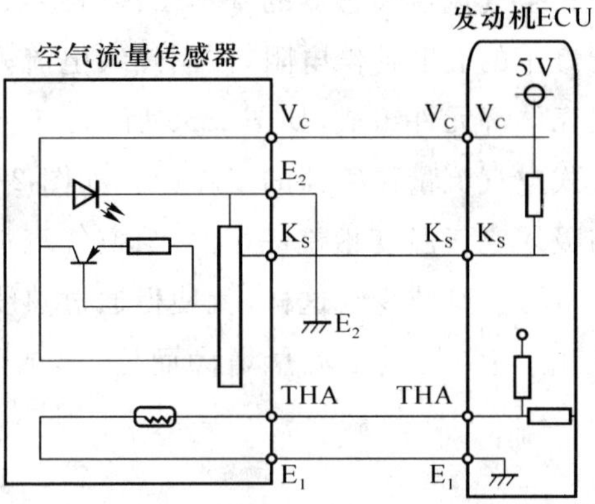

(b) 与ECU的连接电路

图 2-52 传感器与 ECU 的连接

(1) 电阻的检测

将点火开关置于“OFF”位置，拔下空气流量传感器上的电插，用万用表 Ω 挡测量传感器上“THA”与“E_1”端子间的电阻，其标准值见表 2-5，如果电阻值与标准值不符，则应更换空气流量传感器。

表 2-5　卡门涡旋式空气流量传感器“THA”与“E_1”端子间的电阻(丰田凌志 LS400 轿车)

端子	标准电阻/kΩ	温度/℃
“THA”与“E_1”	10.0～20.0	−20
	4.0～7.0	0
	2.0～3.0	20
	0.9～1.3	40
	0.4～0.7	60

(2) 空气流量传感器的电压检测

插好此空气流量传感器上的电插，用万用表 V 挡测发动机 ECU 端子 THA-E_2，V_c-E_1，K_s-E_1 间的电压，其测量应符合表 2-6 的规定。若电压不符合要求，则进行故障诊断。

表 2-6　丰田凌志 LS400 轿车 1UZ-FE 发动机 ECU 的 THA-E_2，V_c-E_1，K_s-E_1 端子间的电压

端子	电压/V	条件
THA-E_2	0.5～3.4	怠速进气温度 20 ℃
	4.5～5.5	点火开关“ON”
K_s-E_1	2.0～4.0(脉冲发生)	怠速
V_c-E_1	4.5～5.5	点火开关“ON”

(三) 热线式空气流量传感器结构与电路检测

1. 结构与工作原理

热线式空气流量传感器的基本结构由感知空气流量的白金热线(铂金属线)，根据进气温度进行修正的温度补偿电阻，控制热线电流并产生输出信号的控制线路板以及空气流量传感器的壳体等元件组成，如图 2-53 所示。

热线式空气流量传感器的工作原理如图 2-54 所示。热线温度由混合集成电路 A 保持其温度与吸入空气温度相差一定值，当空气流量增大时，混合集成电路 A 使热线 R_H 通过的电流增大，反之，则减少。这样，就使得通过热线 R_H 的电流使空气质量流量的单一函数，即热线电流 I_H 随空气质量流量增大而增大，或随其减小而减小，一般在 50～120 mA 之间变化。

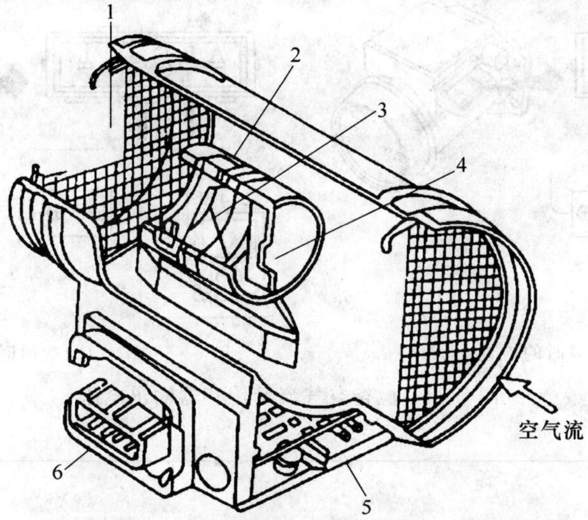

1—防护网；2—取样管；3—白金热线；4—温度补偿电阻；
5—控制线路板；6—电连接器

图 2-53　热线式空气流量传感器结构

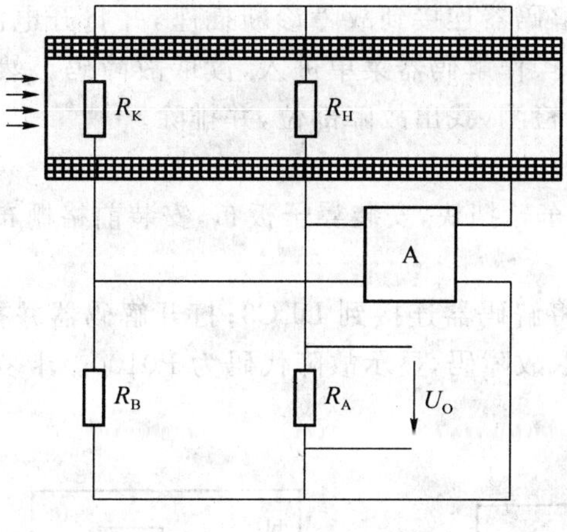

A—混合集成电路；R_H—热线电阻；R_K—温度补偿电阻；R_A—精密电阻；R_B—电桥电阻

图 2-54　热线式空气流量传感器的工作原理

2. 热线式空气流量传感器的检测

(1) 就车检查

先拆下空气流量传感器上的电插，检查线束一侧端子与搭铁间的电压，其标准电压符合规定，不符合应更换。

(2) 单件检查

在正负端子上加上 12 V 的电压，然后检查输出电压，这时应该注意，外加电源的极性不能接错，否则有可能损坏空气流量传感器。在吹入空气的情况下，测量空气流量传感器输出电压的变化。如图 2-55 所示。

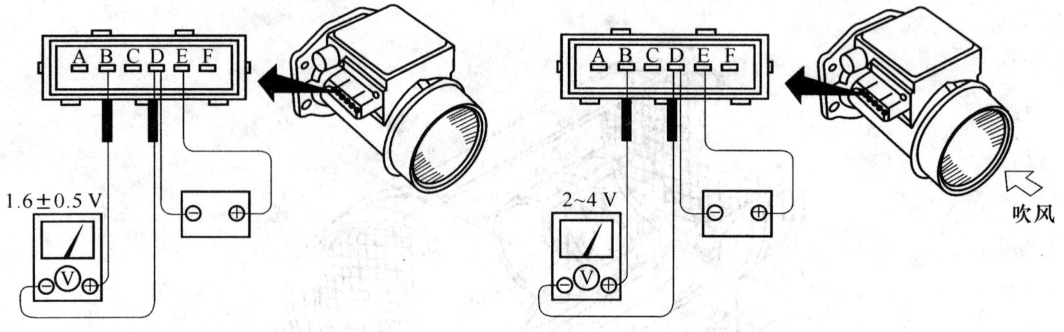

(a)不吹风时的检查　　(b)吹风时的检查

图 5-55　检查空气流量传感器输出电压

二、进行检测

1. 车辆及检测仪准备

丰田卡罗拉轿车、万用表、解码器、示波器、防护用品；检查检测仪器；连接检测仪线缆；找到汽车自诊断连接器。

2. 检测

首先读取故障码，把解码器连接到故障诊断插座，并打开电源开关。操作流程：打开点火开关，但不启动发动机，操作解码器菜单进入，读取故障码。然后根据故障代码提示使用万用表或示波器进行故障检测，找出故障部位，并排除。

3. 技能训练

1）检测前准备：放置车轮挡块，安装翼子板布，安装前格栅布，安装地板垫，安装方向盘套，拉紧手刹。

2）检测：读故障码，将解码器连接到 DLC3；打开解码器并打开点火开关（发动机不运转）；选择解码器菜单；读取故障码，显示故障代码为 P0100。卡罗拉轿车空气流量计电路如图 2-56 所示。

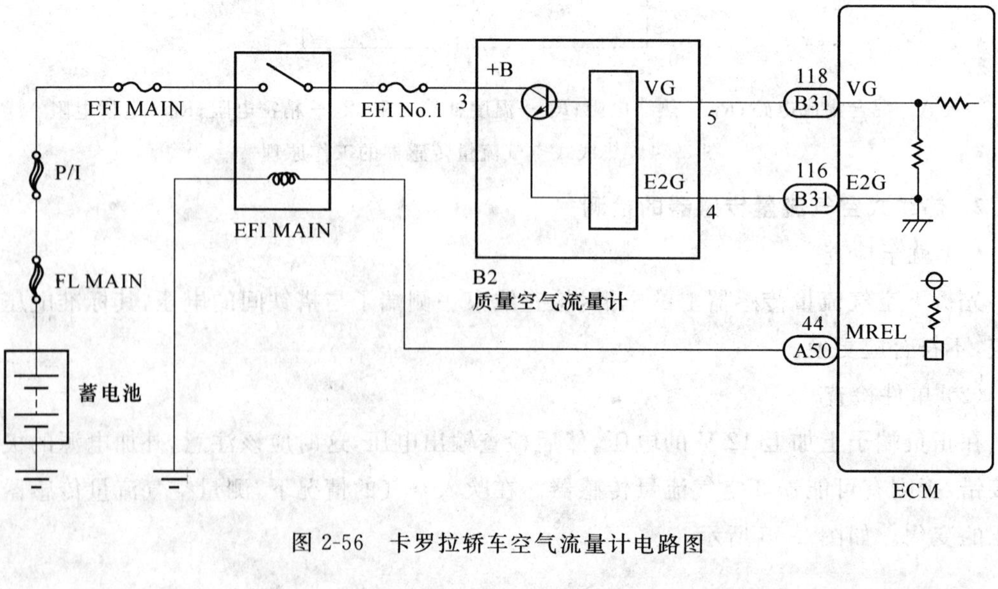

图 2-56　卡罗拉轿车空气流量计电路图

3）检查空气流量计(电源电压)：a. 断开空气流量计连接器；b. 打开点火开关；c. 测量B2-3(＋B)与车身搭铁之间的电压，应为9～14 V，如不正常，检查EFINO1保险丝；如正常，检查空气流量计VG电压；d. 连接空气流量计连接器。

4）检查空气流量计(VG电压)：a. 断开空气流量计连接器；b. 给端子＋B和E2G之间施加蓄电池电压；c. 测量VG与E2G之间的电压，其电压为0.2～4.9 V，如异常，更换空气流量计，如正常，检查线束和连接器(空气流量计－ECM)；d. 连接空气流量计连接器。

5）检查线束和连接器(空气流量计－ECM)：a. 断开空气流量计连接器；b. 断开ECM连接器；c. 断路检查：B2-5(VG)-B31-118之间电阻小于1 Ω；短路检查：B2-5(VG)或B31-118与车身搭铁之间大于10 kΩ或更大，如异常，维修或更换线束或连接器；如正常，更换ECM；d. 连接空气流量计连接器；e. 连接ECM连接器。

6）检查保险丝(EFINO1)：万用表检查保险丝应导通或电阻小于1 Ω，如异常，更换保险丝；如正常，检查线束和连接器(空气流量计-集成继电器)。

7）检查线束和连接器(传感器搭铁)：a. 断开空气流量计连接器；b. 检查电阻：B2-4(E2G)-车身搭铁之间小于1 Ω，如异常，检查线束和连接器(空气流量计-ECM)，正常，更换空气流量计。

8）检查线束和连接器(空气流量计-ECM)：a. 断开空气流量计连接器；b. 断开ECM连接器；c. 断路检查：B2-4(E2G)-B31-116之间电阻小于1 Ω；短路检查：B2-4(E2G)或B31-116与车身搭铁之间大于10 kΩ或更大，如异常，维修或更换线束或连接器(空气流量计-ECM)；如正常，更换ECM。

三、知识拓展

某些空气流量计设有自洁电路，在发动机熄火后，自动将热线加热至10 000 ℃，持续1 s，将灰尘烧掉；也有一些热线式空气流量计将热线的保持温度提高至200 ℃，防止污染热线。

在检查热线式空气流量计时，切不可将手指或工具伸入流量计进气通道内，以免损坏流量计内的热线丝。清洁空气滤清器时要用碎布将进气口堵住，避免灰尘进入发动机和空气流量计，使空气流量计损坏。

课后训练

(1) 利用你所学的知识，分析桑塔纳轿车因空气流量计损坏而导致的故障。

(2) 请查阅资料总结各种空气流量计的优缺点并填在表中。

名称	优点	缺点
叶片式空气流量计		
卡门涡旋式空气流量计		
热线式空气流量计		
热模式空气流量计		

(3) 把下列英文和对应的中文用短线连接。

Mass Air Flow sensor	叶片式空气流量计
Vane Air Flow sensor	电子控制单元
ECU	空气质量流量传感器
Voltage signal	热线型
Hot Wire Type	电压信号

学习情境五　爆震传感器(KS)电路的检测诊断与修复

任务引领:有一辆丰田威驰轿车,发动机加速时有明显的震动,且动力不足,通过汽车诊断计算机的检查,检测出与爆震传感器相关的故障码,需要对爆震传感器及电路进行检查,确定故障部位,并进行维修。

告知学生:

一、教学内容

爆震传感器(knock sensor)电路检测诊断。

二、教学目标

知识目标:①知道爆震传感器的结构及工作原理;②知道爆震传感器的检测方法。

能力目标:①能够检测爆震传感器;②能够对爆震传感器电路进行故障排除。

情感目标:①成就感——让学生产生成就感,促进知情融合;②融合——让学生联系知识与生活,促进知情融合;③激发——让学生了解课程的地位作用,激发其求知欲和学习激情。

实施教学

一、知识铺垫

现代电子控制汽油喷射式发动机都采用了电子点火提前角控制系统。电控单元(ECU)在进行点火提前角控制过程中,需要三个基本输入信号,即发动机负荷信号、发动机转速信号和曲轴位置信号。发动机在不用转速和负荷下的最佳点火提前角被事先以脉谱图的形式存储在电控单元的存储器内。在发动机实际运行时,电控单元(ECU)根据所存储的点火脉谱图进行点火提前角的自动控制。

爆震传感器

1. 爆震传感器 KNK 的结构和工作原理

爆震传感器是发动机电子控制系统中必不可少的重要部件,装在气缸体上,用来检测发动机爆震情况,并将信号送入发动机 ECU。常见的爆震传感器有两种:一种是磁致伸缩式爆震传感器,另一种是压电式爆震传感器。

磁致伸缩式爆震传感器安装在发动机上,它将发动机震动频率转换成电压信号,以检测爆震强度。当发动机发生设定的爆震强度时,爆震传感器输出最大的电压信号用以表示发动机由于爆震而产生机体异常震动的频率。磁致伸缩式爆震传感器应用得最早。磁致伸缩式爆燃传感器的结构如图 2-57 所示,其内部有永久磁铁,靠永久磁铁的强磁性铁心以及铁心周围的绕组工作。其工作原理是:当发动机的气缸体出现振动时,该传感器在 7 kHz 左右处与发动机产生共振,强磁性材料铁心的导磁率发生变化,致使永久磁铁穿心的磁通密度也变化,从而在铁心周围的绕组中产生电动势,并将这一电信号输入 ECU。

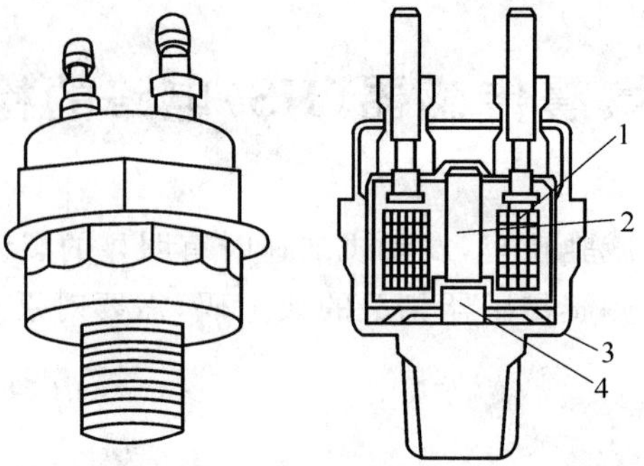

1—绕组；2—铁心；3—外壳；4—永久磁铁

图 2-57　磁致伸缩式爆燃传感器的结构图

压电式爆燃传感器的结构如图 2-58 所示，这种传感器利用结晶或陶瓷多晶体的压电效应而工作，也有利用掺杂硅的压电电阻效应的。该传感器的外壳内装有压电元件、配重块及导线等。其工作原理是：当发动机的气缸体出现振动传递到传感器外壳上时，外壳与配重块之间产生相对运动，夹在这两者之间的压电元件所受的压力发生变化，从而产生电压。ECU 检测出该电压，并根据其值的大小判断爆燃程度。

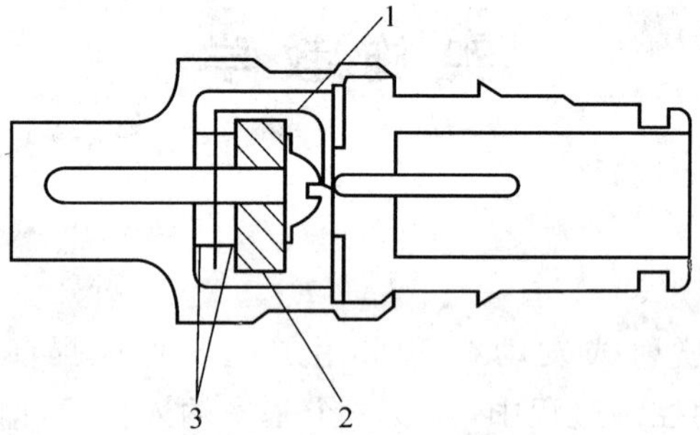

1—引线；2—配重块；3—压电元件

图 2-58　压电式爆燃传感器的结构图

2. 爆震传感器的检测

丰田皇冠 3.0 轿车 2JZ-GE 型发动机爆燃传感器与 ECU 的连接如图 2-59 所示。

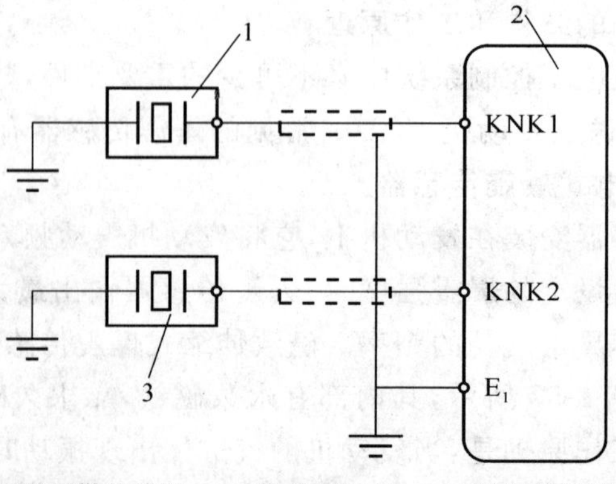

1—1号爆燃传感器；2—发动机ECU；3—2号爆燃传感器

图 2-59　爆燃传感器与 ECU 的连接

(1) 爆震传感器电阻的检测

点火开关置于"OFF"位置时,拔开爆震传感器的连接插头,用万用表Ω挡检测爆震传感器的接线端子与外空间的电阻,应为不导通,若为导通,则须更换爆震传感器。对于磁致伸缩式爆震传感器,还可用万用表Ω挡检测线圈的电阻,其阻值应符合规定值,否则应更换爆震传感器。

(2) 爆震传感器输出信号的检查

拔开爆震传感器的连接插头,在发动机怠速时用万用表V挡检查爆震传感器的连接端子与搭铁间的电压,应有脉冲电压输出,如没有,应更换爆震传感器。

(3) 爆震传感器的示波器检测

爆震传感器的示波器检测可采用非在线检测,将爆震传感器上的连接电插拔下,示波器接在传感器上。示波器检查爆震传感器的方法是:将点火开关置于"ON"位置,不启动发动机,用金属物敲击传感器附近的缸体,示波器上应有一突变波形,敲击力越大,峰值也越大。如果波形显示为一条直线,说明爆震传感器没有信号输出,应检查导线和爆震传感器本身的性能。

二、进行检测

1. 车辆及检测仪准备

丰田威驰轿车、万用表、解码器、示波器、防护用品;检查检测仪器;连接检测仪线缆;找到汽车自诊断连接器。

2. 检测

首先读取故障码,把解码器连接到故障诊断插座,并打开电源开关。操作流程:打开点火开关,但不启动发动机,操作解码器菜单进入,读取故障码。然后根据故障代码提示使用万用表或示波器进行故障检测,找出故障部位,并排除。

3. 技能训练

1) 检测前准备:放置车轮挡块,安装翼子板布,安装前格栅布,安装地板垫,安装方向盘套,拉紧手刹。

2) 检测:读故障码,将解码器连接到DLC3;打开解码器并打开点火开关(发动机不运转);选择解码器菜单;读取故障码,用检测仪读故障码时,如果1号爆震传感器及其线路出现故障,显示故障代码为P0325。丰田威驰2SZ-FE爆震传感器与ECM的连接电路如图2-60所示。

3) 检查线束和连接器(爆震传感器-ECM):a. 断开ECM连接器E9;b. 检查ECM连接器E9端子间电阻,如图2-61所示。标准电阻为:KNK(E9-28)与E2(E9-6)之间,在20 ℃时为120～280 kΩ。如果正常,检查爆震传感器的连接情况(拧紧力矩为:20 N·m),如果松动按要求上紧;如果异常,检查爆震传感器;c. 重新连接ECM连接器。

4) 检查爆震传感器:a. 拆下爆震传感器;b. 测量1-2端子间电阻,如图2-62所示。标准电阻为:在20 ℃时120～280 kΩ。如果正常,修理或更换连接器或线束;如果异常,更换爆震传感器。

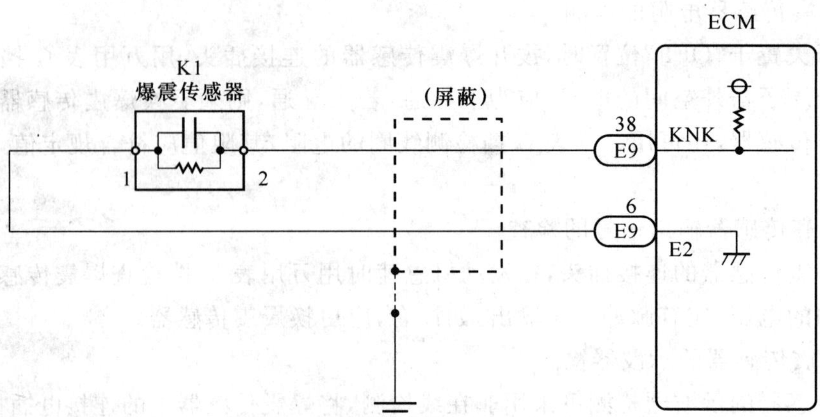

图 2-60　爆震传感器与 ECM 的连接电路图

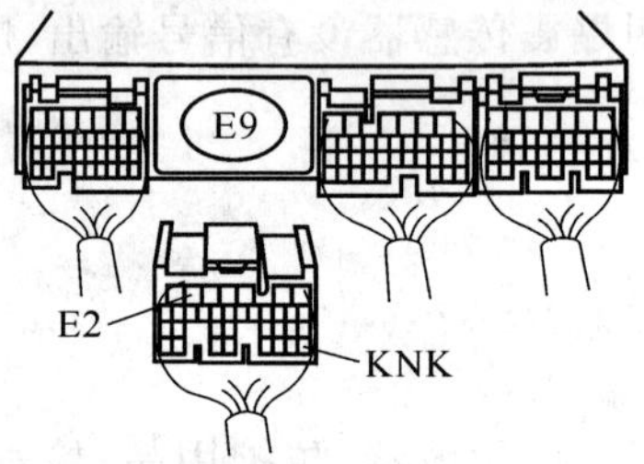

图 2-61　检测 ECM 连接器 E9 端子间电阻

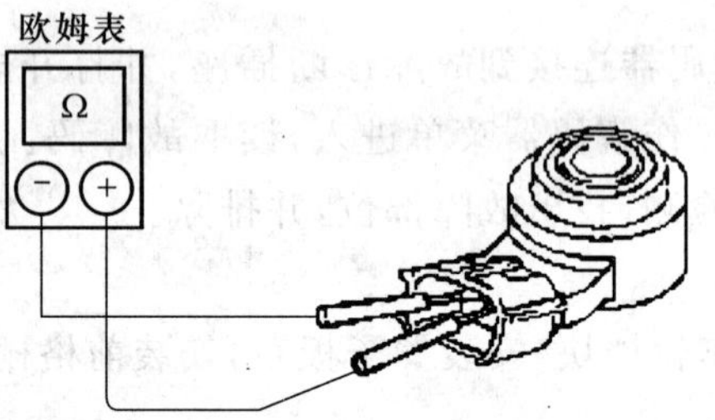

图 2-62　测量 1-2 端子间电阻

4. 拆卸整理

清理场地和工具，拆除防护用品及安全装置。

5. 总结

2 号爆震传感器检测方法与 1 号相同。

三、知识拓展

发动机爆震的检测方法：

(1) 检测发动机汽缸内的压力，其精度最佳，但存在着爆震传感器的耐久性和难以安装的问题。

(2) 检测发动机机体震动的强度。

(3) 检测汽缸内混合气的燃烧噪声，由于是非接触式的，其耐久性很好，但其精度和灵敏度偏低。目前，最常用的检测方法是发动机机体震动检测法。

(4) 用示波器检测发动机工作时爆震传感器输出的电压波形，如果有不规则的震动波形出现，并且该波形随发动机爆震情况的变化而有明显的变化，则说明爆震传感器工作正常。如果没有波形输出或者是输出波形不随发动机工作情况的变化而变化，则说明爆震传感器有故障，应更换。

课后训练

(1) 利用所学知识换一款车型，对爆震传感器进行检修并分析故障原因。

(2) 把下列英文和对应的中文用短线连接。

Detects	进气歧管
Intake manifold	探测
Piezoelectric element	爆震震动
Knocking vibrate	压电元件
Knock frequency	爆震频率

学习情境六　氧传感器(OS)电路的检测诊断与修复

任务引领:有一辆丰田威驰轿车,发动机油耗过高,尾气排放超标,通过汽车诊断计算机的检查,检测出与氧传感器相关的故障码,需要对氧传感器及电路进行检查,确定故障部位,并进行维修。

告知学生:

一、教学内容

氧传感器(oxygen sensor)电路检修。

二、教学目标

通过学习氧传感器的结构与工作原理,会检测氧传感器电路及故障排除。

知识目标:①知道氧传感器的结构及工作原理;②知道氧传感器的检测方法。

能力目标:①能够检测氧传感器;②能够对氧传感器电路进行故障排除。

情感目标:①构建——让学生自我构建知识,体验成功学习的秘诀;②引导——让学生互帮互学,增进同学之间的友好感情;③鼓励——让学生为获得某种成功而相互鼓励

实施教学

一、知识铺垫

氧传感器的结构和工作原理:

氧传感器的作用是检测废气中氧的浓度。在使用三元催化转化器降低排放污染的发动机上,氧传感器是必不可少的。三元催化转化器安装在排气管的中段,它能净化排气中的CO、HC和NO_x三种主要的有害成分,但只在混合气的空燃比处于接近理论空燃比的一个窄小范围内,三元催化转化器才能有效地起到净化作用。故在排气管中插入氧传感器,借检测废气中的氧浓度测定空燃比,并将其转换成电压信号或电阻信号,反馈给ECU,ECU控制空燃比收敛于理论值。目前使用的氧传感器有氧化锆式(ZrO_2)和氧化钛式(TiO_2)两种。

1. 氧化锆式氧传感器

氧化锆式氧传感器的基本元件是氧化锆(ZrO_2)陶瓷管,也称锆管,锆管固定在带有安装螺纹的固定套中,其内表面与大气接触,外表面与废气接触。氧传感器的接线端有一个金属护套,其上开有一个用于高管内腔与大气相通的孔,电线将锆管内表面的铂极经绝缘套从此接线端引出。

氧化锆在温度超过300 ℃后,才能进行正常工作,早期使用的氧传感器靠排气加热,这种传感器必须在发动机启动后运转数分钟才能开始工作,它只有一根接线与ECU相连,如图2-63(a)所示。现在,大部分汽车使用加热器的氧传感器,这种传感器内有一个电加热元

件，如图 2-63(b)所示，可在发动机启动后的 20～30 s 内迅速将氧传感器加热至工作温度。它有三根接线，一根接 ECU，另外两根分别接地和电源。

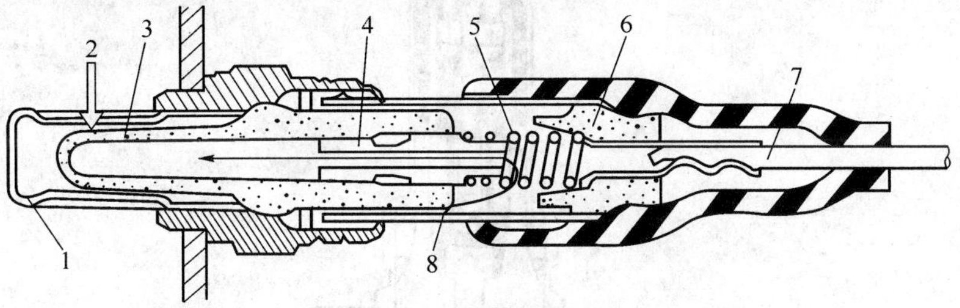

(a)氧传感器

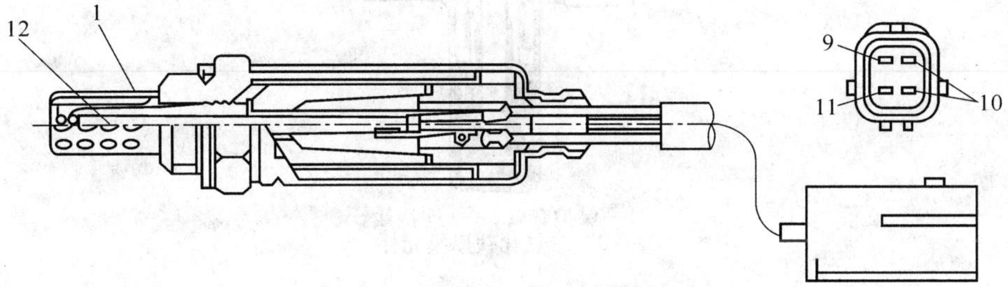

(b)加热式氧传感器

1—保护套管；2—废气；3—锆管；4—电极；5—弹簧；6—绝缘体；7—信号输出导线；8—空气；9—接地；10—加热器接线端；11—信号输出端；12—加热器

图 2-63　氧化锆式氧传感器

锆管的陶瓷体是多孔的，渗入其中的氧气，在温度较高时发生电离，由于锆管内外侧氧含量不一致，从而使锆管成为一个微电池，在两铂极间产生电压，即发动机以较浓的混合气运转时，排气中氧含量含量少，但是 CO、HC、H_2 等较多。这些气体在锆管外表面氧气浓度变为零，这就使得锆管内外侧氧浓度差加大，两铂极间电压陡增。因此，锆管传感器产生的电压将在理论空燃比发生突变；稀混合气时，输出电压几乎为零；浓混合气时，输出电压接近 1 V.

要准确地保持混合气浓度为理论空燃比是不可能的。实际上的反馈控制只能使混合气在理论空燃比附近一个狭小的范围内波动，故氧传感器的输出电压在 0.1～0.8 V 之间不断变化。如果氧传感器输出电压变化过缓(每 10 s 内变化少于 8)或电压保持不变(不论保持在高电位或低电位)，则表明氧传感器有故障，需检修。

2. 氧化钛式氧传感器

氧化钛式氧传感器是利用二氧化钛材料(TiO_2)的电阻值随排气中氧含量的变化而变化的特性制成的，故又称电阻型氧传感器。二氧化钛氧传感器的外形和氧化锆式氧传感器相似。在传感器前端的护翼内有一个二氧化钛厚膜元件，如图 2-64 所示。纯二氧化钛的电阻也随温度不同而变化，因此，在二氧化钛式氧传感器内部有一个电加热器，以保持氧化钛式氧传感器在发动机工作过程中的温度恒定不变。

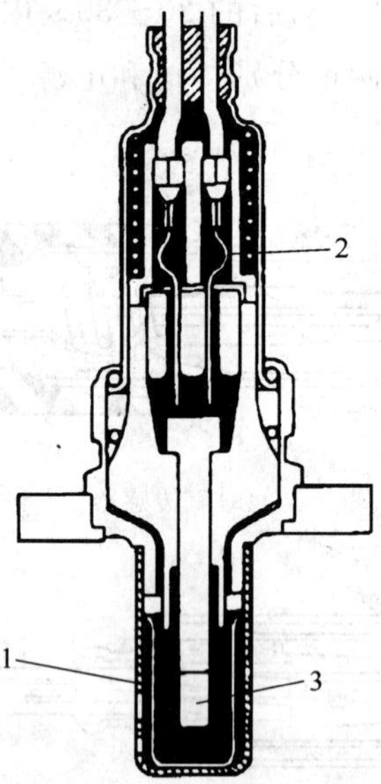

1—保护套管；2—连接线；
3—二氧化钛厚膜元件

图 2-64　氧化钛式氧传感器

3. 氧传感器的检测

氧传感器的基本电路如图 2-65 所示。

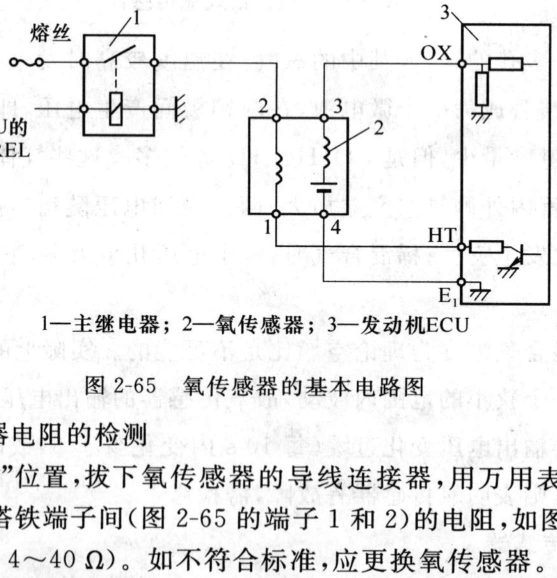

1—主继电器；2—氧传感器；3—发动机ECU

图 2-65　氧传感器的基本电路图

(1) 氧传感器加热器电阻的检测

点火开关置于“OFF”位置，拔下氧传感器的导线连接器，用万用表 Ω 挡测量氧传感器接线端中加热器端子与搭铁端子间(图 2-65 的端子 1 和 2)的电阻，如图 2-66 所示。其电阻值应符合标准值(一般为 4～40 Ω)。如不符合标准，应更换氧传感器。测量后，接好氧传感器线束连接器，以便进一步的检测。

(2) 氧传感器反馈电压的检测

测量氧传感器反馈电压时，应拔下氧传感器线束连接器插头，对照被测车型的电路图，从氧传感器反馈电压输出端引出一条细导线，然后插好连接器，在发动机运转时从引出线上测量反馈电压。

有些车型也可以从故障诊断插座内测得氧传感器的反馈电压。

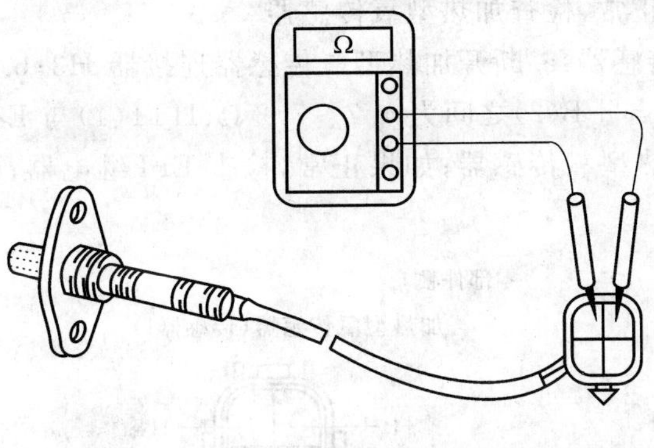

图 2-66 测量加热器端子与搭铁间电阻

二、进行检测

1. 车辆及检测仪准备

丰田威驰轿车、万用表、解码器、示波器、防护用品；检查检测仪器；连接检测仪线缆；找到汽车自诊断连接器。

2. 检测

首先读取故障码，把解码器连接到故障诊断插座，并打开电源开关。操作流程：打开点火开关，但不启动发动机，操作解码器菜单进入，读取故障码。然后根据故障代码提示使用万用表或示波器进行故障检测，找出故障部位，并排除。

3. 技能训练

1）检测前准备：放置车轮挡块，安装翼子板布，安装前格栅布，安装地板垫，安装方向盘套，拉紧手刹。

2）检测：读故障码，将解码器连接到 DLC3；打开解码器并打开点火开关（发动机不运转）；选择解码器菜单；读取故障码，用检测仪读故障码时，如果氧传感器 1 及其线路出现故障，显示故障代码为 P0130。丰田威驰 2SZ-FE 氧传感器与 ECM 的连接电路如图 2-67 所示。

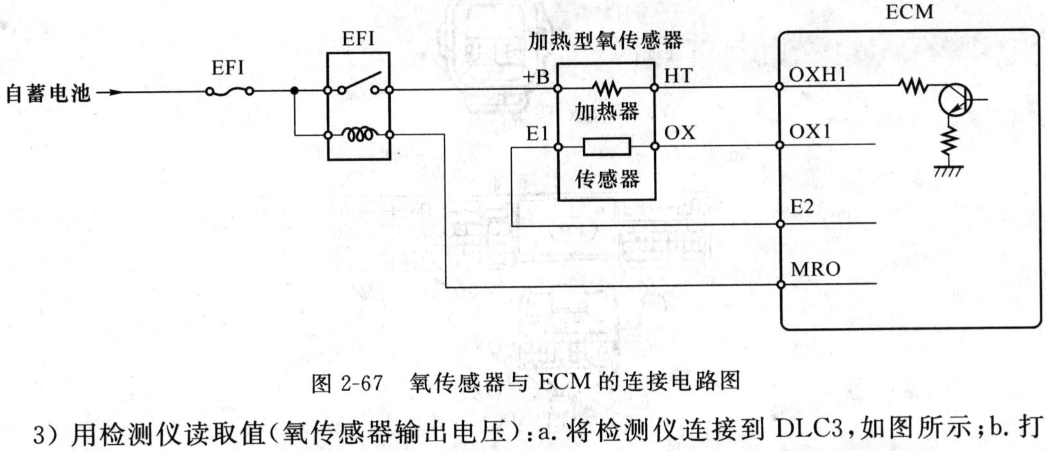

图 2-67 氧传感器与 ECM 的连接电路图

3）用检测仪读取值（氧传感器输出电压）：a. 将检测仪连接到 DLC3，如图所示；b. 打开检测仪并打开点火开关；c. 选择检测仪菜单；d. 使发动机暖机；e. 使发动机以 2 500 r/min 的转速运转 90 s；f. 发动机怠速时读取加热型氧传感器电压。正常电压在低于 0.3 V 和高于

0.6 V之间交替。如不正常，检查加热型氧传感器。

4）检查加热型氧传感器：a. 断开加热型氧传感器连接器 H3；b. 测量电阻，如图 2-68 所示。标准电阻：HT1(1)与+B(2)之间为 4.7～7.2 Ω、HT1(1)与 E1(4)之间为 10 kΩ 或更大。如果异常，更换加热型氧传感器；如果正常，检查 EFI 继电器；c. 重新连接氧传感器连接器。

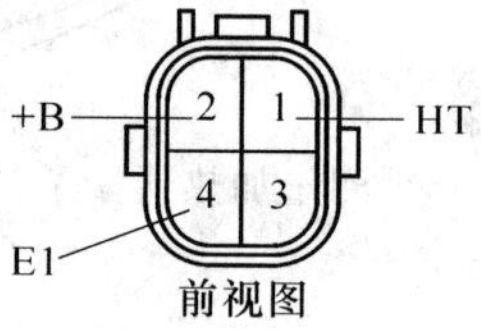

图 2-68　测量电阻

5）检查 EFI 继电器：如果异常，更换 EFI 继电器；如果正常，检查线束和连接器。

6）检查线束和连接器(氧传感器 1—ECM)：a. 断开加热型氧传感器连接器 H3；b. 断开 ECM 连接器 E9；c. 检查电阻，如图 2-69 所示。标准电阻为(断路检查)：OX(H3-3)与 OX1(E9-30)、HT(H3-1)与 OXH1(E9-2)、E1(H3-4)与 E2(E9-6 之间)之间小于 1 Ω；标准电阻为(短路检查)：OX(H3-3)或 OX1(E9-30)与车身搭铁、HT(H3-1)或 OXH1(E9-2)与车身搭铁，为 10 kΩ 或更大。如果异常，修理或更换线束或连接器；如果正常，检查进气系统；d. 重新连接传感器连接器；e. 重新连接 ECM 连接器。

7）检查进气系统。a. 检查进气系统是否有真空泄漏，如有泄漏，修理或更换进气系统；b. 如果正常，检查燃油压力(油压标准为 304～343 kPa)，如果异常，修理或更换燃油系统；如果正常，检查喷油器喷射情况和喷油量，如果异常，更换喷油器；如果正常，更换氧传感器 1。

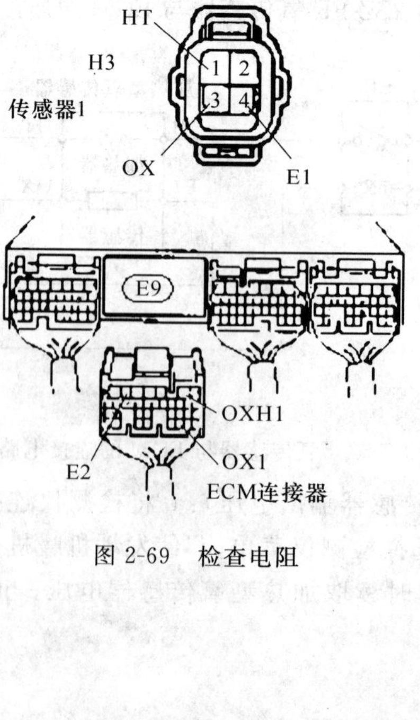

图 2-69　检查电阻

4. 拆卸整理

清理场地和工具，拆除防护用品及安全装置。

5. 总结

氧传感器 2 的检测与修复和 1 相同。

三、知识拓展

氧传感器常见的检查方法：

氧传感器是否损坏，可按下述方法检查：拔下氧传感器的线束接头，使氧传感器不再与 ECU 连接，将电压表的正极测笔直接与氧传感器反馈电压输出端连接，然后在发动机正常运转时脱开在进气管上的曲轴箱强制通风管或其他真空软管，人为地形成稀混合气，此时电压表读数应下降到 0.1～0.3 V；接上脱开的曲轴箱通风管或真空软管，再拔下水温传感器接头，且用一个 4～8 kΩ 的电阻代替水温传感器（或堵住空气滤清器的进气口），人为地形成浓混合气，此时电压表读数应上升到 0.8～1.0 V。也可以用突然踩下或松开油门踏板的方法来改变混合气浓度。在突然踩下油门踏板时，混合气变浓，反馈电压上升；突然松开油门踏板时，混合气变稀，反馈电压应下降。

如果在混合气变化时，氧传感器输出电压不能相应地改变，说明氧传感器有故障。此时可拆去一根大真空软管，使发动机高速运转，以清除氧传感器上的铅或积炭，然后再测试。如果氧传感器反馈电压能按上述规律变化，说明氧传感器良好。否则，须更换氧传感器。

小提示：氧传感器故障有可能是氧传感器自身造成的，也有可能是控制系统造成的，而氧传感器比较贵，必须确认是氧传感器故障才能更换新的氧传感器，以免造成不必要的浪费。此外，用于更换的新氧传感器有可能本身就有故障，因此更换新氧传感器后一定要检测其波形是否正常。

学习拓展：氧传感器与空燃比传感器的基本结构相同，现代所用到的空燃比传感器是新型平面型传感器，而氧传感器是杯型传感器，它们的区别是：①杯型传感器包括一个围绕着加热器的传感器元件。②平面型加热器用氧化铝制成，它有较好的导热性能和绝缘性能，以使传感器元件和加热器结合在一起，这样提高了传感器的加热性能，平面型的加热时间为 10 s 左右，而杯型的加热时间为 30 s 左右。

课后训练

（1）问题：你在氧传感器的检测与维修过程中遇到的困难是什么？你是怎样解决的？

（2）在进行氧传感器的检测与维修过程中，有哪些特别值得注意的安全措施？

（3）把下列英文和对应的中文用短线连接。

Oxygen amount	空燃比
The air/fuel ratio	催化转换器
Catalytic converter	氧传感器信号
Oxygen sensor signal	进气气流
Intake air stream	氧含量

汽油发动机电子控制系统执行器电路故障检测 学习领域三

车间工作任务　发动机控制电路故障检测诊断与修复

学习情景一　油泵控制(FPC)电路的检测诊断与修复

任务引领：有一辆丰田威驰轿车，汽车行驶 60 000 km，汽车在行驶过程中，发动机熄火，再启动发动机不着车，拔下火花塞试火，有火，怀疑油泵不供油，需检测油泵控制电路。

告知学生：

一、教学内容

油泵控制(fuel pump control)电路的检测诊断。

二、教学目标

通过学习油泵控制电路，会对油泵控制电路及油泵进行检测诊断。

知识目标：①能够正确描述油泵控制电路的结构与工作原理；②熟悉常见油泵控制电路原理。

能力目标：①能够正确地分析油泵控制电路的故障原因；②能进行油泵控制电路的故障排除；③安全、规范操作能力。

情感目标：①交流沟通能力；②团结协作能力。

其他目标：①自我学习能力；②创造能力。

实施教学

一、知识铺垫

现代汽车中采用了各种不同的汽油喷油系统，它们的供油方式也不尽相同，但是所有型式的汽油喷射系统都必须有一个基本部件——电动汽油泵。它的主要任务是供给燃油系统足够的具有规定压力的汽油。

电子控制汽油喷射系统的电动汽油泵是一种由小型直流电动机驱动的油泵。电动机和油泵做成一体，密封在一个泵壳内。有些车型的电动汽油泵安装在油箱外，但大部分车型的电动汽油泵安装在油箱内，也有少数车型在油箱内和油箱外各安装一个电动汽油泵，两者串联在油路中。电动汽油泵中的油泵和电动机都浸在汽油中，在泵油工作中，燃油不断穿过油泵和电动机，油泵本身及电动机中的线圈、电刷、轴承等部位都靠燃油来冷却或润滑。因此，电动汽油泵要绝对禁止在无油的情况下运转，以免烧坏。

常见的电动汽油泵有两种类型：滚柱式和平板叶片式。

电动汽油泵控制电路及工作原理：

燃油泵控制电路的基本控制功能是：在发动机启动和运转时，燃油泵工作，发动机一旦熄火，就立即使燃油泵停止工作；发动机不工作时，即使点火开关保持接通状态，燃油泵也不会通电工作。电动汽油泵为容积泵，即在转速一定的情况下，单位时间内的泵油量不变。要实现汽油泵油量与发动机的工作情况相适应，必须对电动机的转速和工作时间进行控制。电动汽油泵的运转模式一般包括：预运转、启动运转、恒速运转、变速运转等，其控制电路有以下几种：

1. 燃油泵开关控制的汽油泵控制电路

控制电路如图 3-1 所示。

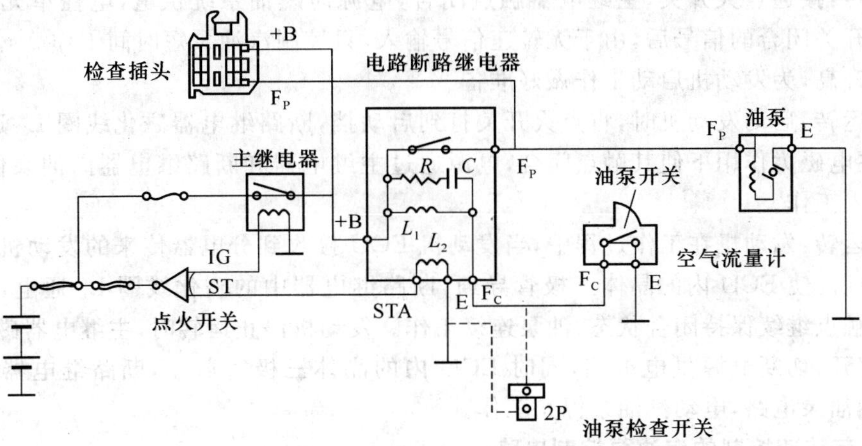

图 3-1　燃油泵开关控制的汽油泵控制电路

工作原理：

预运转：接通点火开关，主继电器触点闭合，电源向燃油系统供电，为油泵工作做好准备。

启动运转：启动发动机时，将点火开关打到启动挡，断路继电器磁化线圈 L_2 通电，产生电磁力，使其触点闭合，电源通过主继电器和断路继电器向油泵供电，电动汽油泵投入工作。

恒速运转：发动机在工作过程中，进入发动机的空气流经叶板式空气流量计，叶板式空气流量计内的测量板转动，使燃油泵开关接通，断路继电器中的磁化线圈 L_1 通电，产生的电磁力使其触点继续保持闭合状态，油泵继续工作。发动机停止运转时，叶板式空气流量计复位，从而使油泵开关断开，断路继电器的触点打开，切断燃油泵电路，电动汽油泵停止工作。

2. ECU 控制的电动汽油泵控制电路

控制电路如图 3-2 所示。与油泵开关控制式相比，ECU 控制式的主要区别在于断路继电器线圈 L_1 的接地端由发动机 ECU 控制。当发动机 ECU 接收到分电器传来的发动机转速信号(Ne 信号)后，ECU 内的三极管导通，于是电流流经线圈 L_1，断路继电器保持闭合，油泵连续工作。

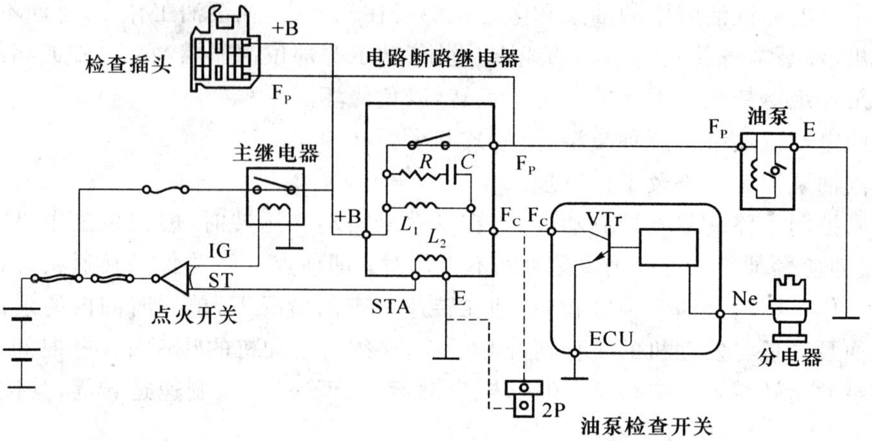

图 3-2　ECU 控制的电动汽油泵控制电路

工作原理：

预运转：接通点火开关，主继电器触点闭合，电源向燃油系统供电，电控单元（ECU）接收到点火开关闭合的信号后，由于无转速信号输入，只控制汽油泵短时间工作 2 s，使供油管路中油压升高，为发动机启动工作做好准备。

启动运转：启动发动机时，将点火开关打到启动挡，断路继电器磁化线圈 L_2 通电，产生电磁力，在电磁力作用下使其触点闭合，电源通过主继电器和断路继电器向油泵供电，电动汽油泵投入工作。

恒速运转：发动机在工作过程中，当发动机 ECU 接收到分电器传来的发动机转速信号（Ne 信号）后，使 ECU 内的晶体三极管导通，断路继电器中的磁化线圈 L_1 通电，产生的电磁力使其触点继续保持闭合状态，油泵连续工作。发动机停止运转时，主继电器磁化线圈断电，触点打开，切断电源供电电路，同时 ECU 内的晶体三极管截止，断路继电器的触点打开，切断燃油泵电路，电动汽油泵停止工作。

3. 具有转速控制的汽油泵控制电路

（1）电阻器式

控制电路如图 3-3 所示，为电阻器式汽油泵转速控制电路。是在汽油泵控制电路中，增设一个电阻（降压电阻）和汽油泵控制继电器（或称电阻器旁路继电器）。发动机工作时，ECU 根据发动机转速和负荷，对汽油泵控制继电器进行控制，汽油泵控制继电器则控制电阻是否串入在汽油泵控制电路中，以此控制汽油泵电机上的不同电压，进而实现汽油泵转速变化。

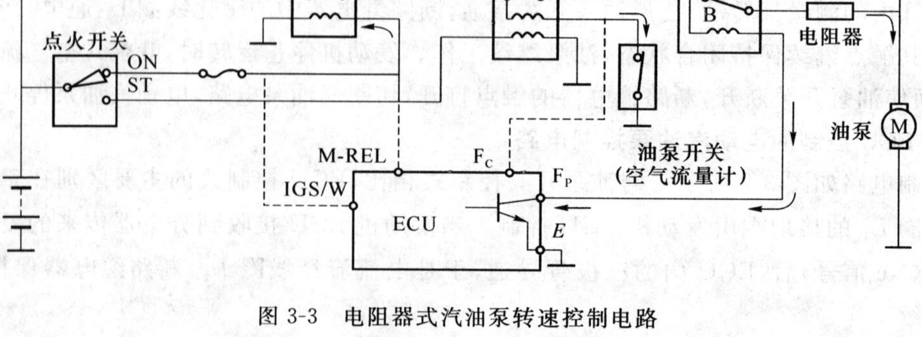

图 3-3　电阻器式汽油泵转速控制电路

工作原理：

预运转：接通点火开关，主继电器触点闭合，电源向燃油系统供电。

变速运转：发动机在怠速或中小负荷下工作时，电控单元（ECU）发出指令接通油泵控制继电器磁化线圈的搭铁回路，磁化线圈通电，产生电磁力，使油泵控制继电器常开触点（B）闭合，油泵控制电路中串联一个附加电阻，油泵以较低的转速运转，噪声和供油量均较小。发动机在大负荷下工作时，需要加大供油量，电控单元（ECU）发出指令切断油泵控制继电器磁化线圈的搭铁回路，常开触点（B）打开，而常闭触点（A）闭合，短路附加电阻。油泵电机的电流加大，转速提高，泵油量加大，满足发动机大负荷工作的需要。

（2）发动机 ECU 直接控制式

控制电路如图 3-4 所示。随着发动机功率的增大，汽油泵的泵油量也必然增大，因而导致汽油泵消耗的电功率和汽油泵的噪声都比较大。为了尽可能减少电能的消耗和噪声污染，近年来研制成功一种发动机 ECU 直接控制式，由发动机 ECU 直接控制汽油泵的工作电压。

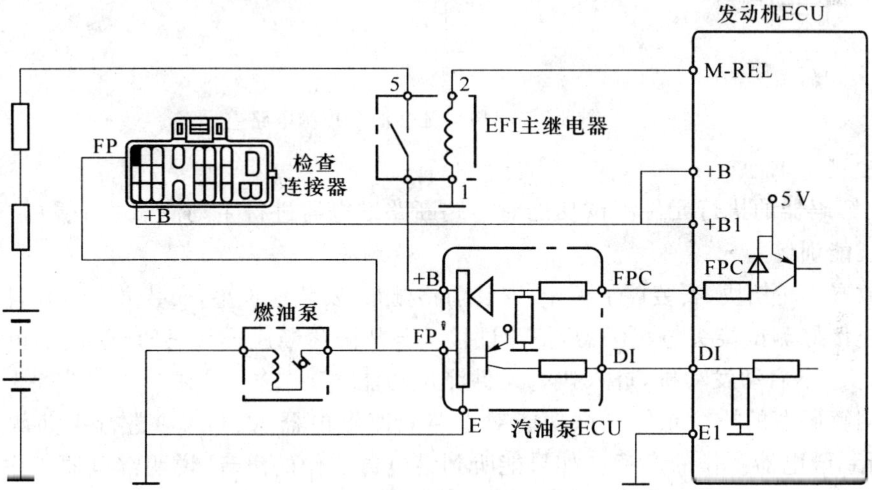

图 3-4　ECU 控制式控制电路

工作原理：

变速运转：发动机在怠速下工作时，电控单元（ECU）向燃油泵控制 ECU 的 FPC 端子输出一个低电位信号。这时燃油泵控制 ECU 的 FP 端子输出一个较低的电压（约为 9 V），燃油泵就会在较低的转速下工作。

发动机在启动、高转速或大负荷下工作时，电控单元（ECU）向燃油泵控制 ECU 的 FPC 端子输出一个高电位信号。燃油泵控制 ECU 得到此控制信号后，从 FP 端子输出一个较高的电压（约为蓄电池电压），使燃油泵高速运转。

二、进行检测

1. 车辆及检测仪准备

丰田威驰汽车一辆、汽车检测仪、防护用品及维修手册。丰田威驰燃油泵控制电路如图 3-5 所示。

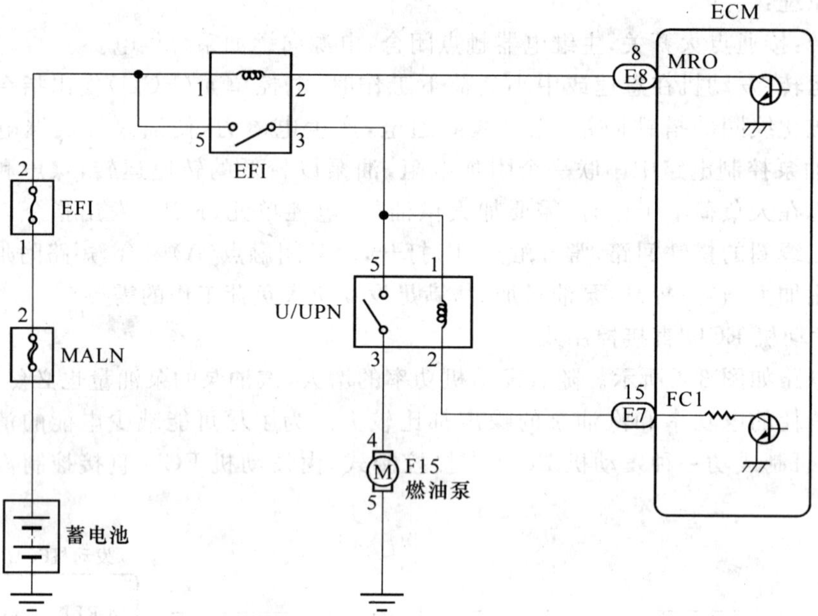

图 3-5　丰田威驰燃油泵控制电路

2. 检测

使用解码器的执行元件测试功能对电路断路继电器进行主动测试。

3. 技能训练

1）放置车轮挡块，安装翼子板布，安装前格栅布，安装地板垫，安装方向盘套，拉紧手刹。

2）连接好测试接头与解码器，把测试接头与故障诊断座连接，开启解码器电源按钮；打开点火开关，不启动发动机，进入执行元件测试功能。

3）用解码器的执行元件测试功能对电路断路继电器（C/OPN）进行主动测试时，检查是否能听到继电器工作的声音。如果能听到继电器工作的声音，说明继电器工作良好，如果听不到声音，说明继电器不工作。再检查 ECM 电源电路。

4）检查 ECM 电源电路。电路如图 3-6 所示。

打开点火开关，不启动发动机，用万用表测量 ECM 连接器＋B（E10-7）与 E1（E9-32）之间的电压，标准电压为 11～14 V。如果 ECM 电源电路不正常，进行修理或更换电源电路；如果 ECM 电源电路正常，再检查 EFI 继电器。

5）检查 EFI 继电器。

从发动机室 1 号继电器盒上拆下 EFI 继电器，检查端子的通、断情况，线圈的两个端子①、②之间应导通，触点的两个端子③、⑤之间不导通（图 3-7 所示）；如果给线圈的两个端子加蓄电池电压，两个触点端子应导通，否则更换 EFI 继电器。如果继电器正常，再检查 ECM（FC1 电压）。

6）检查 ECM（FC1 电压）。

打开点火开关，不启动发动机，用万用表测量 ECM 连接器 FC1（E7-15）与 E1（E9-32）之间的电压，电路如图 3-6 所示。标准电压为 11～14 V。如果 ECM（FC1 电压）正常，则更换 ECM；电压不正常，再检查线束和连接器（EFI 继电器—电路断路继电器）。

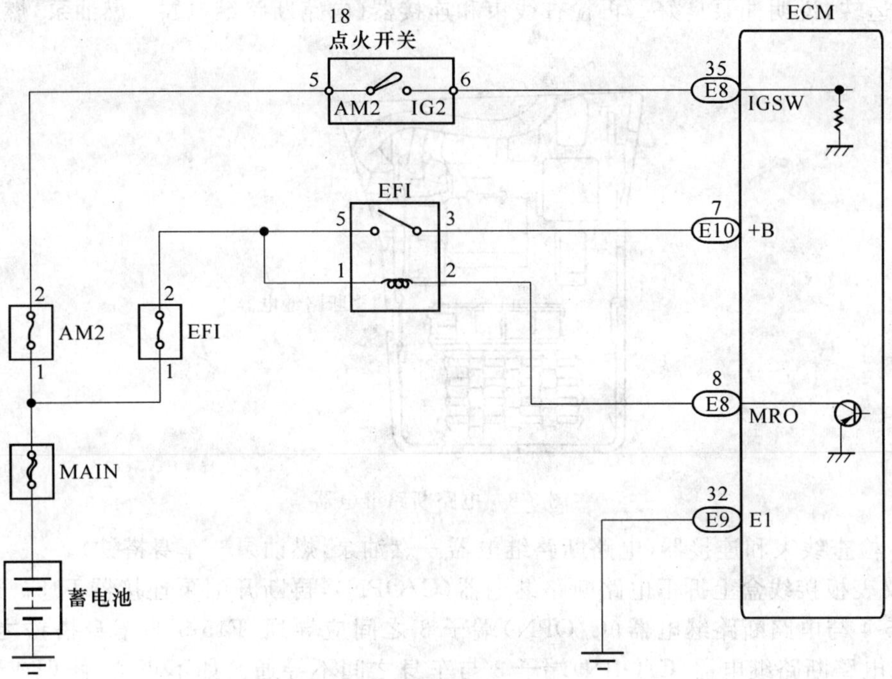

图 3-6　ECM 电源电路

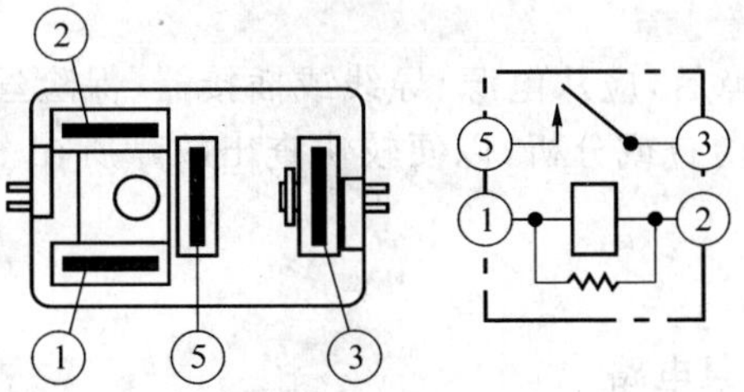

图 3-7　继电器位置及端子号

7）检查线束和连接器（EFI 继电器—电路断路继电器）。

从发动机室 1 号继电器盒上拆下 EFI 继电器，从仪表板接线盒上拆下电路断路继电器（C/OPN）（图 3-8 所示）。用万用表检查 EFI 继电器端子 3 和电路断路继电器（C/OPN）端子 1 之间应导通；EFI 继电器端子 3 或电路断路继电器（C/OPN）端子 1 和车身搭铁之间不导通。电路如图 3-6 所示。否则修理或更换线束或连接器。如果符合要求，再检查线束和连接器（ECM—电路断路继电器）。

8）检查线束和连接器（ECM—电路断路继电器）。

从仪表板接线盒上拆下电路断路继电器（C/OPN），再断开 ECM 连接器 E7，用万用表检查 FC1（E7-15）与电路断路继电器（C/OPN）端子 2 之间应导通，FC1（E7-15）或电路断路继电器（C/OPN）端子 2 和车身搭铁之间不导通。电路如图 3-6 所示。否则修理或更换线束或连接器，如果符合要求，更换 ECM。

9）检查燃油泵总成

拔下燃油泵插接器，测量油泵端子之间的电阻，标准电阻：在 20 ℃时，电阻为 0.2～0.3 Ω；然后将蓄电池电压加到两个端子上，检查油泵的工作情况，油泵不转，说明油泵损坏，更换油泵,油泵运转,说明油泵良好。再检查线束和连接器(电路断路继电器—燃油泵,燃油泵—车身搭铁)。

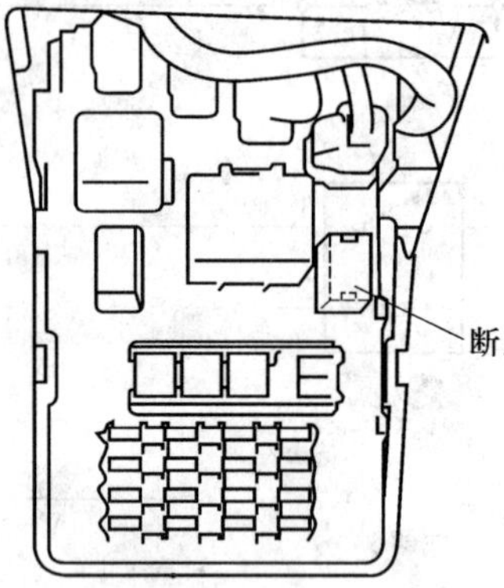

图 3-8 电路断路继电器

10) 检查线束和连接器(电路断路继电器—燃油泵,燃油泵—车身搭铁)。

从仪表板接线盒上拆下电路断路继电器(C/OPN),再断开油泵连接器 F15。用万用表检查 F15-4 与电路断路继电器(C/OPN)端子 3 之间应导通,F15-5 与车身搭铁之间导通,F15-4 或电路断路继电器(C/OPN)端子 3 与车身之间不导通。如不正常,修理或更换线束和连接器,如正常,再检查并修理线束或连接器(EFI 继电器—C/OPN 继电器)。

4. 总结

油泵控制电路出现故障后,应从电源、导线或插接器、保险丝或熔断丝、元器件(继电器、油泵、ECU)四个方面进行检查或分析,以便较快查出故障所在。

三、知识拓展

1. 惯性开关控制的油泵电路

富康轿车的惯性开关串联在燃油泵继电器与电控单元(ECU)之间,安装在右翼子板靠前围板处。作用是,当汽车发生猛烈碰撞时,惯性开关的触点自动弹开,断开电控单元(ECU)与燃油泵之间的电路,使燃油泵立即停止运转,以避免燃油从破损的油管中不断地喷出而发生火灾。打开惯性开关的盖子,可以看到该开关处于伸开状态。按压惯性开关的顶部,可以使惯性开关复位,燃油泵继电器与电控单元(ECU)之间的电路将恢复正常的通路状态。因此,当汽车发生无法启动或自动熄火之类的故障时,不要忘记检查该惯性开关。

2. 电动汽油泵继电器的检测

常用的电动汽油泵继电器有四脚及五脚两种,ECU 控制的电动汽油泵控制系统通常采用四脚继电器,博士 L 型或 D 型的汽油喷射系统采用五脚继电器。

1) 四脚继电器汽油泵继电器的检测。四脚电动汽油泵继电器中有两脚是接继电器的电磁线圈,另外两脚接继电器常开触点。用万用表 Ω 挡测量,继电器电磁线圈两脚之间就能导通,常开触点两脚之间应不用导通,在电磁线圈两接脚上施加 12 V 电压,同时用万用表 Ω 挡测量常开触点两脚之间应能导通。若测量结果不符合要求,应更换电动汽油泵继电器。

2) 五脚电动汽油泵继电器的检查。五脚电动汽油泵继电器内有两组电磁线圈。其中一组由启动开关控制,另一组由 ECU 或空气流量计的汽油泵开关触点控制,用万用表 Ω 挡测量这组线圈,均应导通,测量常开触点两端(+B 和 Fp),应不导通;分别在两组线圈两端施加 12 V 电压时导通，否则，应更换电动汽油泵继电器。

3. 电动汽油泵的检测

拔下电动汽油泵的导线连接器，从车上拆下电动汽油泵进行检查。

1）电动汽油泵电阻的检测。用万用表 Ω 挡测量电动汽油泵两个接线端子间的电阻，即为电动汽油泵直流电动机线圈的电阻，其阻值应为 2～3 Ω(20 ℃时)，如电阻值不符，则须更换电动汽油泵。

2）电动汽油泵工作状态的检查。将电动汽油泵与蓄电池相接，并使电动汽油泵尽量远离蓄电池，每次接通不超过 10 s。如果电动汽油泵不转动，则应更换电动汽油泵。

课 后 训 练

(1) 下图为卡罗拉油泵控制电路图，试分析其原理并分析故障检测方法。

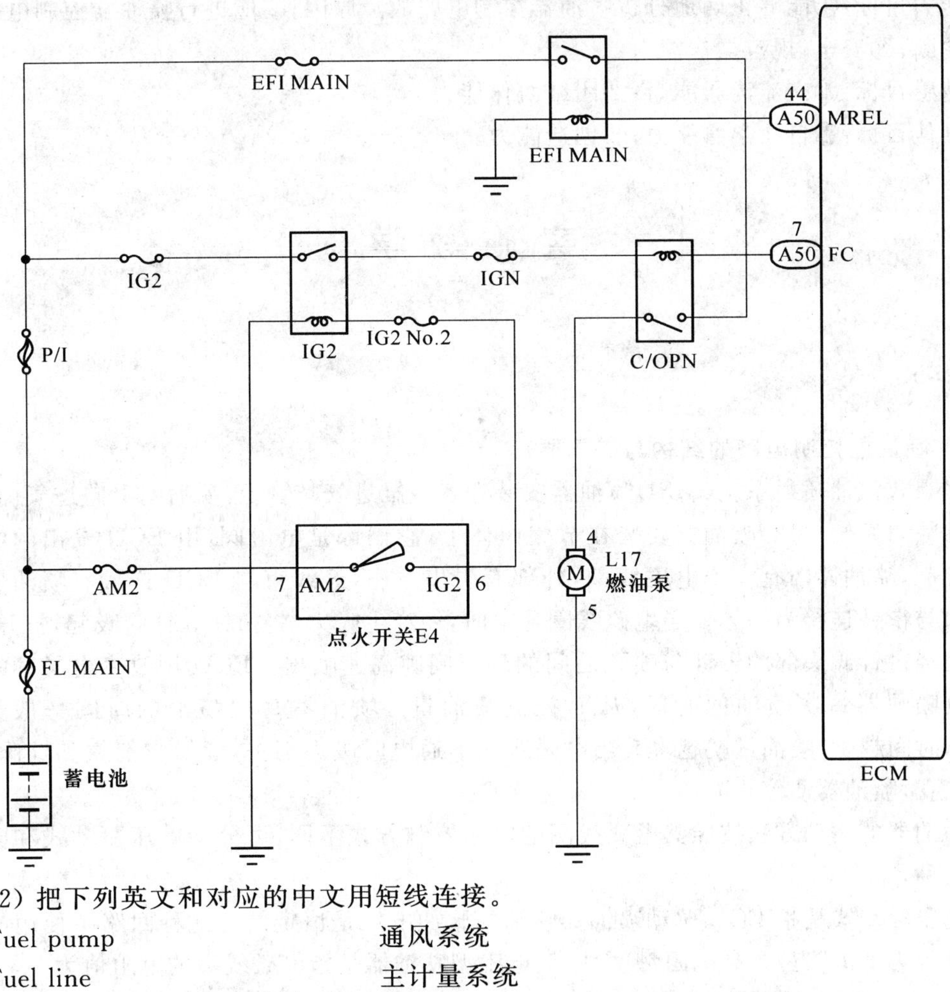

(2) 把下列英文和对应的中文用短线连接。

Fuel pump	通风系统
Fuel line	主计量系统
Fuel tank	油泵
Main metering system	油箱
Ventilation system	油管

学习情景二　喷油器控制(ISC)电路的检测诊断与修复

任务引领:有一辆丰田威驰轿车,车主反映,发动机加速不良,动力不足,火花塞有火,油泵工作正常,要求检测诊断喷油器控制电路。

告知学生:

一、教学内容

喷油器控制(injection system control)电路的检测诊断。

二、教学目标

知识目标:①能够正确描述喷油器控制电路的结构及其工作原理;②掌握各种喷油器控制电路的检测方法。

能力目标:①能够正确地分析喷油器控制电路故障原因;②能进行喷油器控制电路的检测与诊断;③安全、规范操作能力。

情感目标:①交流沟通能力;②团结协作能力。

其他目标:①自我学习能力;②创造能力。

实施教学

一、知识铺垫

1. 喷油器控制电路的结构与工作原理

多点式汽油喷射系统(MPI)喷油器安装在各气缸进气歧管上,喷嘴朝上向进气门;单点式汽油喷射系统(SPI)喷油器安装在节气门体上,它们都是电磁阀,由 ECU 发出的电脉冲信号控制,喷油器内有一个电磁线圈,外部有引出插座,经线束与 ECU 连接。喷油器头部的针阀与衔铁连接为一体。当电磁线圈通电时,便产生吸力,将衔铁和针阀吸起,打开喷孔,燃油便经过针阀头部的轴针与喷孔之间的环形间隙高速喷出。ECU 用改变电脉冲的宽度来控制喷油器每次喷油的时间,从而控制喷油量。喷油器每次喷油的时间一般为 2～10 ms,时间越长,喷油量就越多。当电磁线圈不通电时吸力消失,弹簧将衔铁和针阀下压,关闭喷孔,喷油器便停止喷油。

喷油器的驱动方法按照其电磁线圈的电流控制方式不同,可分为电压驱动式和电流驱动式两种,

电压驱动式是指 ECU 驱动喷油器喷油的脉冲电压是恒定的。这种回路中使用的喷油器又可分为低电阻型和高电阻型两种,低电阻型喷油器是指电磁线圈的电阻值为 2～3 Ω 的喷油器,在电压驱动回路中有 5～6 V 的驱动电压,它不能直接与 12 V 电源连接,否则会烧坏电磁线圈。这种喷油器与电压驱动方式配合使用时,应在驱动回路中加入附加电阻。高电阻型喷油器是指电磁线圈的电阻值为 12～16 Ω 的喷油器,在电压驱动回路中用 12 V 驱

动电压，由于其电磁线圈的电阻值较大，在检修时可直接与 12 V 电源连接，在电路中不需要附加电阻。

电流驱动式是指 ECU 开始以一个较大的电流使电磁线圈产生较大的吸力，以打开针阀，然后再以较小的电流使针阀保持在开启状态，这种驱动方式一般用于低电阻型喷油器。控制电路如图 3-9 所示。

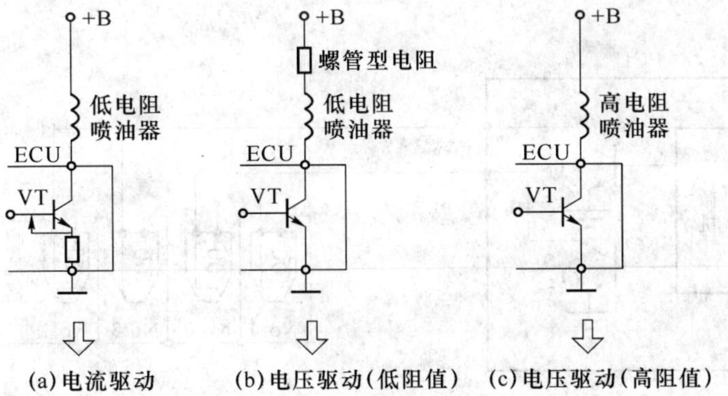

图 3-9　喷油器驱动控制

2. 喷油器的控制

电控单元(ECU)对喷油器的控制形式有同时喷射、分组喷射控制和顺序喷射控制之分，控制内容主要有喷油时刻的控制和喷油量的控制。

(1) 喷油时刻的控制

1) 同时喷射控制

同时喷射控制是指所有的喷油器均为并联连接。当点火开关置于"ON"位置时，电源"+"极便同时加到四个喷油器电磁线圈的一端，电控单元(ECU)根据发动机转速传感器输送的喷油基本信号，向喷油器发出喷油控制指令，控制功率三极管的导通和截止，从而控制各喷油器电磁线圈的电路同时接通和切断，使各缸喷油器同时喷油。由于这种喷射方式是所有各缸喷油器同时喷射，所有喷油止时与发动机进气、压缩、做功，排气的工作循环没有关系，其缺点是由于各缸所对应的喷射时间不可能最佳，会造成各缸的混合气形成不一样，但是这种喷射方式不需要气缸判断信号，而且控制电路结构与软件较为简单，因此，目前这种喷射方式仍有一定的应用。其控制电路如图 3-10 所示。

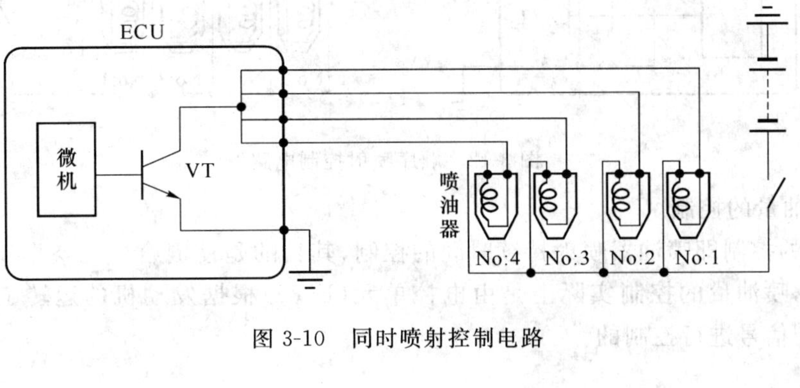

图 3-10　同时喷射控制电路

2）分组喷射控制

分组喷射控制是指每组中的喷油器为并联连接，两组喷油器的搭铁回路分别由不同的功率三极管控制，一般是四缸发动机分成两组，六缸发动机分成两组或三组。当电控单元从发动机转速传感器接收到某组喷油器的喷射控制信号时，便发出喷油器控制指令，控制该组中的功率三极管导通，从而接通喷油器电磁线圈的电路，喷油器开始喷油。控制电路如图3-11所示。

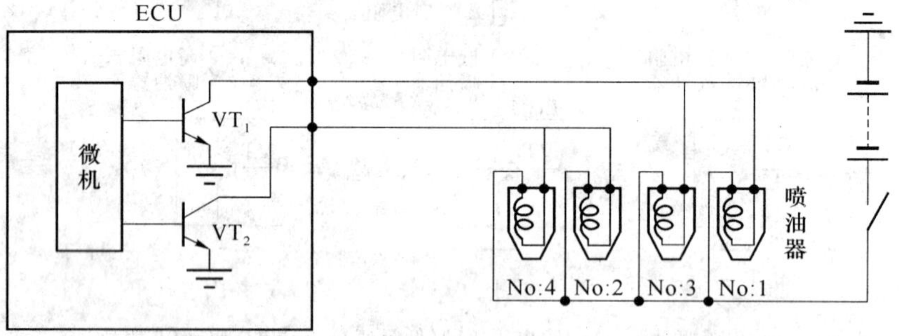

图3-11　分组喷射控制电路

3）顺序喷射控制

顺序喷射控制也称之为独立喷射。发动机一个工作循环中，各缸喷油器依次轮流喷油一次，部分北京切诺基汽车发动机就是采用的顺序喷射控制，顺序喷射控制电路是指各缸喷油器分别由控制单元（ECU）独立控制，控制电路数与发动机气缸数相等。在顺序喷射控制中，控制单元通过发动机转速和曲轴位置传感器的信号，可以确定瞬间活塞在气缸内的具体位置。由于顺序喷射可以在最佳时间喷射，有利于混合气的形成，可提高发动机的动力性和燃油经济性，并降低排放污染，故目前在汽车发动机上得到广泛的应用。但是控制电路结构和软件复杂，顺序喷射控制既适合进气歧管内喷射，也适用于气缸内喷射。控制电路如图3-12所示。

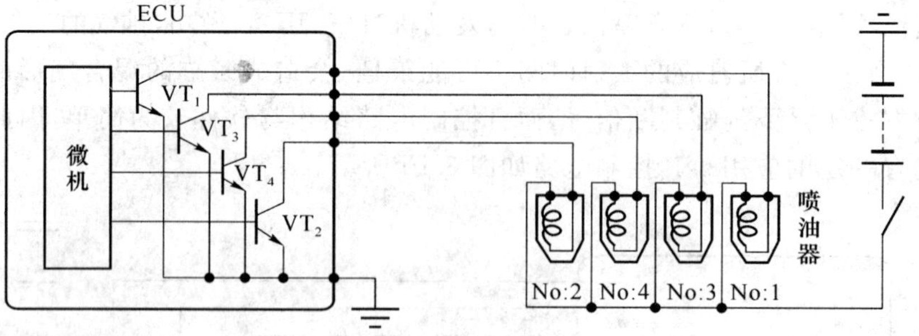

图3-12　顺序喷射控制电路

（2）喷油量的控制

喷油量的控制即喷油器喷射持续时间的控制，其目的是使混合气的空燃比符合发动机燃烧的要求，喷油量的控制实际上是由电控单元（ECU）根据发动机的运转工况及影响因素，输出控制信号进行控制的。

二、进行检测

1. 车辆及检测仪准备

威驰汽车一辆、汽车检测仪、防护用品及维修手册。

2. 检测

使用解码器的执行元件测试功能对喷油器器进行主动测试。

3. 技能训练

1）放置车轮挡块，安装翼子板布，安装前格栅布，安装地板垫，安装方向盘套，拉紧手刹。

2）连接好测试接头与解码器，把测试接头与故障诊断座连接，开启解码器电源按钮；打开点火开关，不启动发动机，进入执行元件测试功能。

3）用解码器的执行元件测试功能对电喷油器进行主动测试时，检查是否能听到喷油器工作的声音。如果能听到喷油器工作的声音，说明喷油器工作良好，如果听不到声音，说明喷油器不工作。再检查 ECM 电源电路。

4）检查 ECM 电源电路。电路如图 3-13 所示。

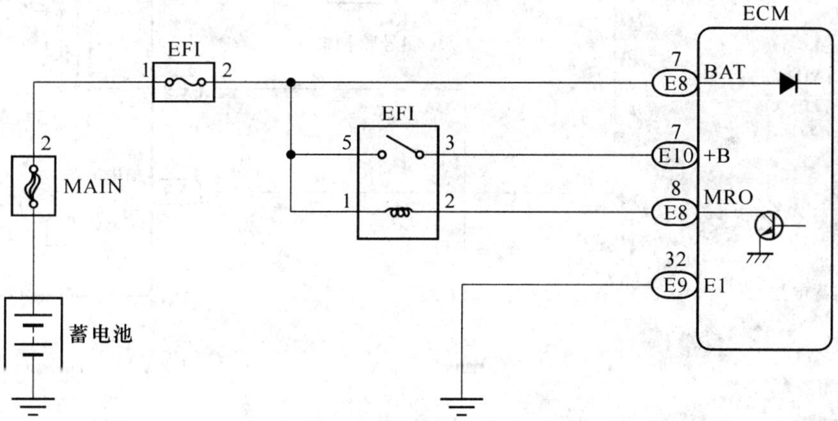

图 3-13　ECM 电源电路

打开点火开关，不启动发动机，用万用表测量 ECM 连接器＋B(E10-7)与 E1(E9-32)之间的电压，标准电压为 11～14 V。如果 ECM 电源电路不正常，进行修理或更换电源电路；如果 ECM 电源电路正常，再检查喷油器电路。喷油器控制电路如图 3-14 所示。

5）检查线束和连接器(喷油器-ECM)。

断开喷油器连接器和 ECM 连接器 E10；将点火开关打开，不启动发动机；测量喷油器和 ECM 连接器之间的电压和电阻。标准电压：12-1、13-1、14-1、15-1 与车身搭铁为 11～14 V；标准电阻：12-2、13-2、14-2、15-2 与车身搭铁 10 kΩ 或更大；12-2 与 E10-4、13-2 与 E10-3、14-2 与 E10-2、15-2 与 E10-1 之间为小于 1 Ω；检查 E9-7 与车身搭铁之间小于 1 Ω。如有异常，检查喷油器。

6）检查喷油器总成。

检查电阻，标准电阻为：20 ℃时，11.6～12.4 Ω。

检查工作情况，测试喷油量（给喷油器通电 15 s，用量筒测量喷油量，测试 2 或 3 次）：喷油量为 47～58 cm^3，各喷油器相差 11 cm^3 或更少。

检查是否泄漏，滴油量：1 滴/分钟或更少。

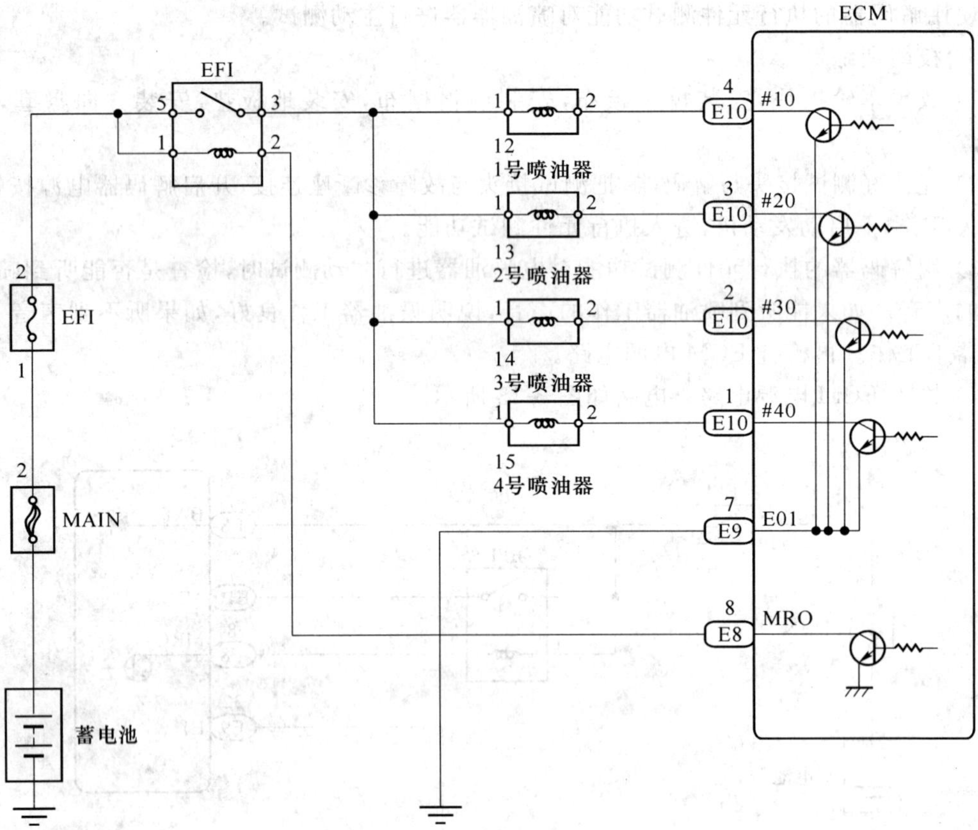

图 3-14　喷油器控制电路

4. 拆卸整理

清理场地和工具，拆除防护用品及安全装置。

5. 总结

喷油器或控制电路出现故障，将会导致车辆怠速不良、加速不良、不能启动（启动困难）等故障。

三、知识拓展

1. 燃油系统油压检查

在测试油压时，首先把油压表接到油压测试头上，如无油压测试头，应选择合适的位置（如燃油滤清器、脉冲阻尼器、供油管与分油管连接处等）安装好测试头，然后接上油压表。测试如下项目：

1）供油压力

指发动机怠速运转中燃油系统的实际工作油压，正常油压值在 250～300 kPa 如果指针剧烈摆动油压可能不正常。

2）调节压力

指发动机怠速运转中将油压调节器真空管拆开后，燃油系统升高后的油压减去供油压力的差值，就在 28～70 kPa 之间。

3）最大油压

指发动机怠速运转中，将回油管夹住时燃油系统的油压，应为供油压力的 2～3 倍。

4）供油量

供油量的判断方法为：在发动机怠速运转中，读取燃油系统的供油压力，然后急加速到 3 000 r/min 以上，立刻读取此时油压值，应高于供油压力 21 kPa 以上。

5）系统残压

在发动机怠速运转中，读取燃油系统油压。然后将发动机熄火，并等待 20 min，其系统油压应保持在 140 kPa 以上。如果无法保持残压，则再将发动机启动，并在建立油压后熄火。此时如果将回油管夹住后即能保持正常残压，表示油压调节器漏油；如果夹住进油管后，才能保持正常残压，则表示燃油泵（单向阀）漏油；如果同时夹住进油管及回油管仍无法保持残压，表示喷油器漏油。

2. 燃油系统卸压

1）拆下电路断路继电器；

2）启动发动机；

3）在发动机自行停止后，关闭点火开关；

4）检查并确认发动机不会启动；

5）拆下燃油箱盖，使燃油箱卸压；

6）拆下蓄电池负极端子。

课后训练

（1）下图为卡罗拉喷油器控制电路图，试分析其原理并分析故障检测方法。

（2）把下列英文和对应的中文用短线连接。

Main nozzle	燃油滤清器
Main jet	怠速系统
Fuel filter	主喷管
Fuel chamber	主量孔
Idle system	浮子室

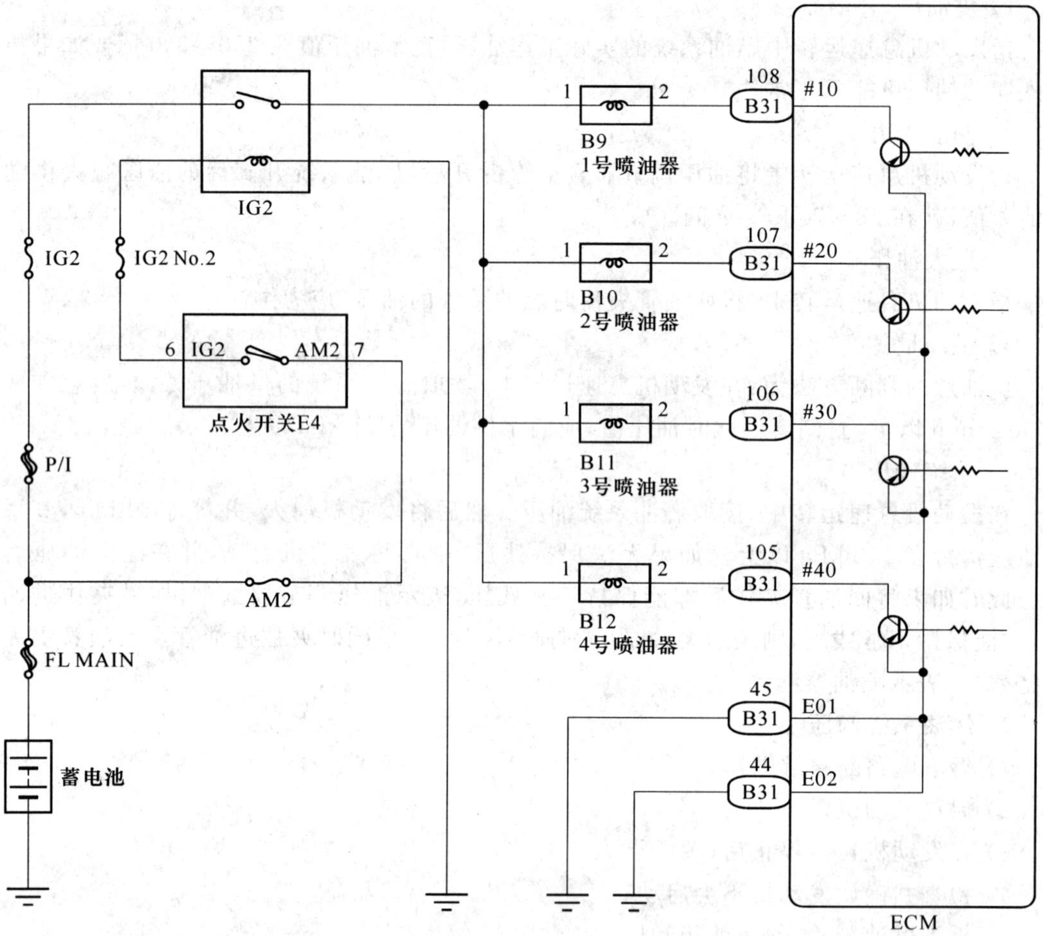
IG2
IG2
IG2 No.2
6 IG2 AM2 7
点火开关E4
P/I
AM2
FL MAIN
蓄电池
1 2 B9 1号喷油器
1 2 B10 2号喷油器
1 2 B11 3号喷油器
1 2 B12 4号喷油器
108 B31 #10
107 B31 #20
106 B31 #30
105 B31 #40
45 B31 E01
44 B31 E02
ECM

学习情景三　点火控制(IC)电路的检测诊断与修复

任务引领：有一辆丰田威驰轿车，怠速不稳，发动机动力不足，怀疑点火系统有故障，要求检测诊断点火控制电路。

告知学生：

一、教学内容

点火控制(ignition control)电路的检测诊断。

二、教学目标

知识目标：①能够正确描述点火控制电路的结构与工作原理；②知道点火控制电路的检测方法。

能力目标：①能够正确分析点火控制电路及检测；②会诊断、排除点火控制电路的故障。

情感目标：①交流沟通能力；②团结协作能力。

其他目标：①自我学习能力；②创造能力。

实 施 教 学

一、知识铺垫

普通电子点火系相对于传统点火系来说，由于利用晶体管的开关特性控制点火线圈初级电路的导通与切断，取消了分电器内的断电器触点，动静态控制等，使点火系的性能有了很大的提高，但是普通电子点火系对点火提前角的调整，仍采用真空和离心式机械点火提前机构控制，其调整精度距发动机最佳点火提前角的要求相差很远。普通电子点火系不能很好地满足发动机对最佳点火提前角的要求。

影响发动机点火提前角的因素除转速和歧管真空度以外，还有燃烧室的形状、发动机温度、空燃比、燃油品质、大气压力等。因此，在发动机工作过程中，调整点火提前角始终为最佳值，普通电子点火系是无法实现的。微机控制汽油点火系统，废除了真空和离心式点火提前装置，提前角由控制单元(ECU)控制，从而使发动机在各种工况下都有最佳的点火提前角，提高了发动机的动力性和经济性，而且保证排放污染为最小。

(一) 电子点火系统的组成

电子点火系统主要由电控单元(ECU)、执行器(电子点火器)、点火线圈、火花塞和各种传感器组成，如图 3-15 所示。ECU 根据曲轴位置传感器、转速传感器、水温等工况传感器信号计算出点火时刻和通电时间，将此结果送至点火电子组件(点火器)，由点火电子组件控制点火线圈的初级电路接通和断开，使点火线圈产生高压电、火花塞跳火，点燃可燃混合气。其工作过程如图 3-16 所示。

电子点火系统可分为有分电器和无分电器两种系统。无分电器点火系统又有同时点火和单独点火方式之分。

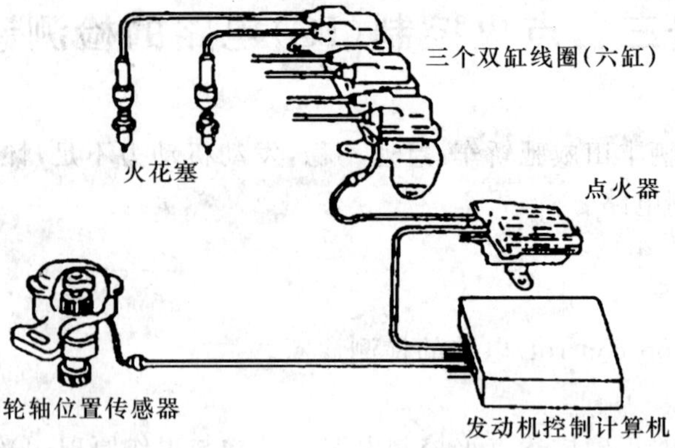

图 3-15　电子点火系统组成

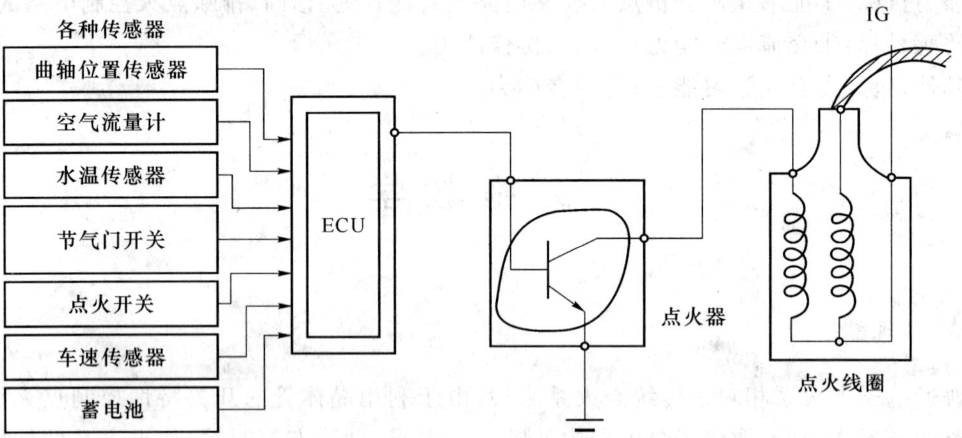

图 3-16　电子点火系统工作过程

(二) 发动机点火控制

在发动机控制系统中,点火控制包括三个方面:点火提前角的控制(ESA)、通电时间的控制(EST)、爆震控制(KNK)。

1. 点火提前角(ESA)的控制

因点火提前角的大小会对发动机油耗、功率、排放污染、爆震、行驶特性等产生较大影响,影响点火提前角的两个主要因素是发动机的转速和负荷。在点火提前角控制系统中,根据有关传感器送来的信号,电控单元(ECU)计算出最佳的点火时刻(即点火提前角),输出点火正时信号(IGt 信号),控制电子点火器实现点火。

(1) 初始点火提前角的控制

发动机启动时,不受 ECU 的控制,而是以一个固定的点火提前角进行点火,一般为上止点之前 10°的曲轴转角作为初始的点火提前角。

(2) 点火提前角的控制

点火提前角的控制包括两种基本情况:一是启动时的点火提前角控制,即发动机在启动时,以固定的初始点火提前角点火,与发动机的工况无关。二是启动后发动机正常工作期间的点火提前角控制，即正常工作中，点火时间由进气歧管压力（或进气量）和发动机转速确定基本点火提前角，并根据有关传感器的信号和发动机的特性曲线加以修正。一般发动机的修正项目有：暖机修正，稳定怠速修正，空燃比反馈修正，过热修正，爆震修正和其他修正。ECU 通过其内部储存的以上各方面的曲线图程序找到各个相应点进行修正。

（3）点火提前角的计算

发动机工作时，ECU 根据空气量和发动机转速及有关传感器的信号计算点火提前角，实际点火提前角包括三部分：初始点火提前角、基本点火提前角、修正点火提前角。

即：实际点火提前角＝初始点火提前角＋基本点火提前角＋修正点火提前角

2. 闭合角（通电时间（EST））的控制

所谓通电时间即点火线圈的初级电路的导通时间，通电时间越长初级断开电流越大，次级电压越高，点火越可靠。但通电时间的长短不但影响点火电压的高低，而且严重影响点火器中大功率晶体管的消耗和点火线圈的发热量。发动机转速的变化会影响通电时间的长短，电源电压的变化会影响初级电流的大小，因此，点火控制系统应能在发动机工作过程中，根据实际工况自动调节点火线圈的通电时间，使发动机在任何转速下，都能保持有足够的点火能量。

3. 发动机爆震控制

电子控制点火系统中，是利用减小点火提前角的方法防治爆震的发生。当发动机产生爆震时，微机通过爆震传感器的输入信号和比较电路判别出发动机产生爆震，根据爆震强度输入信号，由微机控制延迟点火提前角的大小，使点火时刻保持在爆震边界曲线的附近，提高发动机的功率，降低燃料消耗。当爆震消失时，微机恢复正常的点火提前角控制，爆震控制过程如图 3-17 所示。

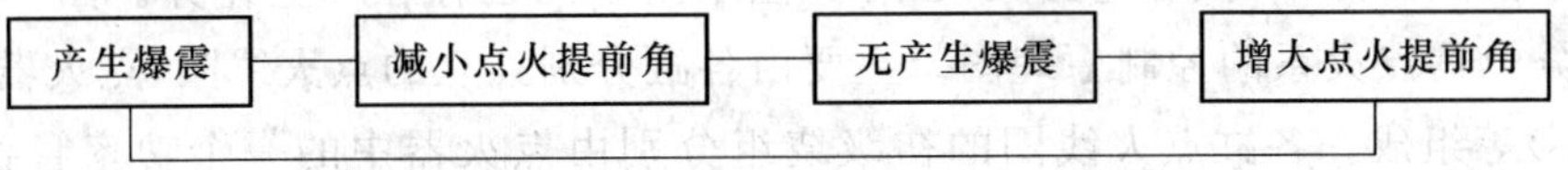

图 3-17　爆震控制过程

（三）无分电器点火（DLI）控制系统

无分电器点火（DLI）系统也叫直接点火系统，主要由点火控制器、点火线圈、火花塞和高压线等组成。完全取消了传统的分电器，将点火线圈产生的高压电直接送到火花塞进行点火。发动机工作时，计算机根据曲轴位置传感器，凸轮轴位置传感器，节气门位置传感器和水温传感器等检测的发动机转速、转角、负荷和温度等信号计算点火线圈一次绕组通电时间，并将计算结果输送到点火控制器，由点火控制器直接控制点火线圈一次电流的接通与断开。点火线圈产生的高压直接输送到火花塞点燃混合气。无分电器点火（DLI）系统目前采用以下两种方式：

1. 无分电器同时点火方式

无分电器同时点火装置——指两个汽缸共用一个点火线圈，即一个点火线圈有两个高压输出端，分别与火花塞相连，负责对两个汽缸点火。其中一缸在排气末期，另一缸在压缩末期同时串联点火。如图 3-18 所示。计算机根据曲轴位置传感器送来的曲轴转角和 1～6 缸压缩上止点信号，向点火器输出点火信号和判缸信号，以确定各缸的点火顺序。

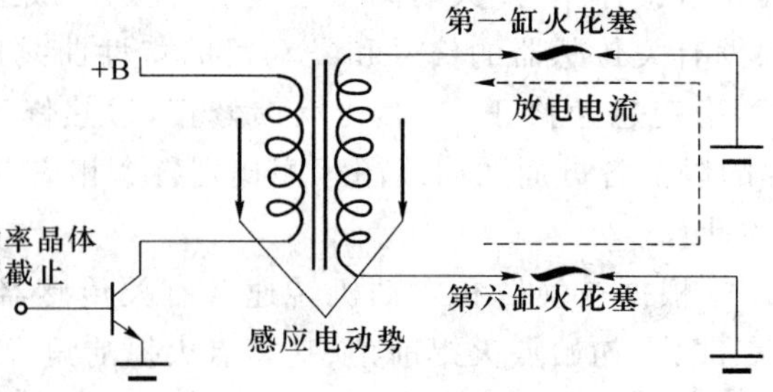

图 3-18　无分电器同时点火方式

当一个气缸处在压缩行程上止点，而另一个气缸处于排气行程上止点时，曲轴旋转360°后两缸所处的行程刚好相反。一个点火线圈上有两个火花塞串联同时点火，对点火能量不会产生明显的影响。这是由于压缩缸的压力较高，放电较困难，所需要的击穿电压高，而处于排气的缸压力小，接近大气压力，放电容易，所需要的击穿电压低，因此，当两缸同时跳火时，阻抗几乎都在压缩缸的火花塞上，而在排气缸的火花塞上电能损失很小。

2. 无分电器单独点火方式

指每个气缸的火花塞上配用一个点火线圈，单独对本缸进行点火。

这种点火方式特别适合在四气门发动机上配用，火花塞安装在两根凸轮轴的中间，然后每缸火花塞上直接压装一个点火线圈，在布置上很容易实现。如图 3-19(a)所示。图 3-19(b)为奥迪四气门五缸发动机的点火线圈安装情况。每个点火线圈通过导向座用 4 个螺钉固定在气缸盖的盖板上，然后再扣压到各缸火花塞上。

这种单独点火方式，控制电路大致相同，但车型不同也存在一些差异。图 3-19(c)为日产公司无分电器点火系的控制原理图。主要由各缸分别独立的点火线圈、点火器、电子控制单元(ECU)等组成。各缸点火线圈的初级绕组分别由点火器中的一个功率管控制。整个点火系的工作由电子控制单元(ECU)进行控制。发动机工作时，微机根据曲轴转角位置传感器、空气流量传感器、点火基准信号传感器、冷却液温度传感器、爆震传感器、点火开关和有关开关输入的信号，根据存储器(ROM)存储的数据，经计算适时地输出点火信号至点火器，由点火器中的功率管分别接通和切断各缸点火线圈的初级电流。当切断初级电流时，在次级绕组中产生高压电并点燃汽缸内的可燃混合气。

电子控制单元的主要功能有：判断点火汽缸，计算点火提前角和闭合角以及将点火信号分配到指定的汽缸上。

图 3-19(d)为奥迪五缸发动机无分电器点火系的电控原理图。该点火系的 5 个点火线圈分别接到两个点火器 N122、N127 上。其中 N122 控制 1、2、3 缸的点火线圈，N127 控制 4、5 缸的点火线圈。两个点火线圈分别用导线(点火信号输出线)与电子控制单元相连。发动机工作时，电子控制单元通过 1、2、23、20、21 各接柱上的点火信号输出线，适时对各缸输出点火信号，通过点火器，控制各缸点火。

无分电器直接点火系统，由于没有分电器和高压线，因而能量传导损失和漏电损失小，故障效率低。它全部采用小型闭磁电路点火线圈。

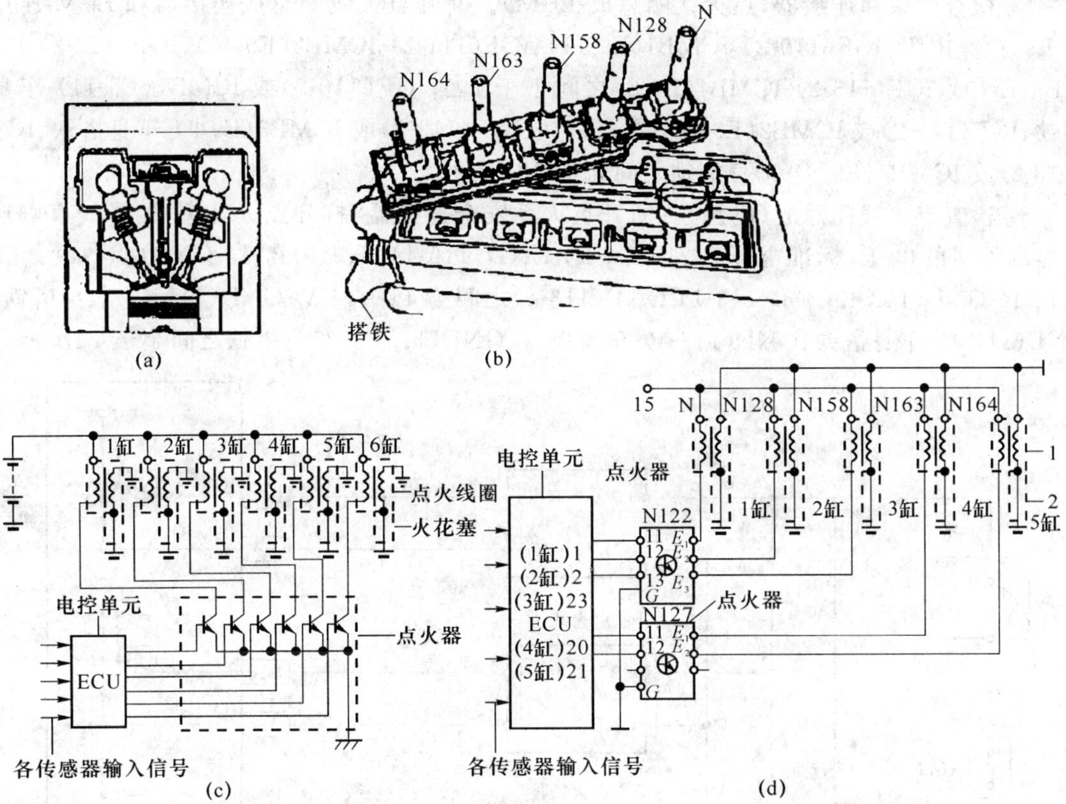

图 3-19 无分电器单独点火方式

二、进行检测

1. 车辆及检测仪准备

威驰汽车一辆、汽车检测仪、防护用品及维修手册。

2. 检测

使用解码器读取故障码，代码显示为 P0301。

3. 技能训练

1）放置车轮挡块，安装翼子板布，安装前格栅布，安装地板垫，安装方向盘套，拉紧手刹。

2）连接检测仪，读取故障码，代码显示为 P0301。

3）检查火花和点火。断开喷油器连接器，将火花塞安装到点火线圈上并放置到汽缸盖上，运转发动机，时间不超过 2 秒，检查火花，无火花，检查线束和连接器。

4）检查线束和连接器(点火线圈总成-ECM)。点火控制电路如图 3-20 所示。断开点火线圈总成连接器和 ECM 连接器 E10，检查电阻：IGT1(110-3)-IG1(E10-11)、IGT2(111-3)-IG2(E10-10)、IGT3(112-3)-IG3(E10-9)、IGT4(113-3)-IG4(E10-8)之间小于 1 Ω；IGT1(110-3)或 IG1(E10-11)-车身搭铁、IGT2(111-3)或 IG2(E10-10)-车身搭铁、IGT3(112-3)或 IG3(E10-9)-车身搭铁、IGT4(113-3)或 IG4(E10-8)-车身搭铁之间为 10 kΩ 或更大。

5）检查线束和连接器(点火线圈总成-ECM)。断开点火线圈总成连接器和 ECM 连接器 E9,检查电阻:IGF(110-2)-ICMB1(E9-11)、IGF(111-2)-ICMB2(E9-10)、IGF(112-2)-ICMB3(E9-9)、IGF(113-2)-ICMB4(E9-8)之间小于 1 Ω;IGF(110-2)或 ICMB1(E9-11)-车身搭铁、IGF(111-2)或 ICMB2(E9-10)-车身搭铁、IGF(112-2)或 ICMB3(E9-9)-车身搭铁、IGF(113-2)或 ICMB4(E9-8)-车身搭铁之间为 10 kΩ 或更大。

6）检查点火线圈总成(电源)。断开点火系安全连接器,打开点火开关,测量线束侧连接器端子间的电压,标准电压:＋B(110-1)-GND(110-4)、＋B(111-1)-GND(111-4)、＋B(112-1)-GND(112-4)、＋B(113-1)-GND(113-4)之间为 11～14 V;GND(110-4)-车身搭铁、GND(111-4)-车身搭铁、GND(112-4)-车身搭铁、GND(113-4)-车身搭铁之间小于 1 Ω。

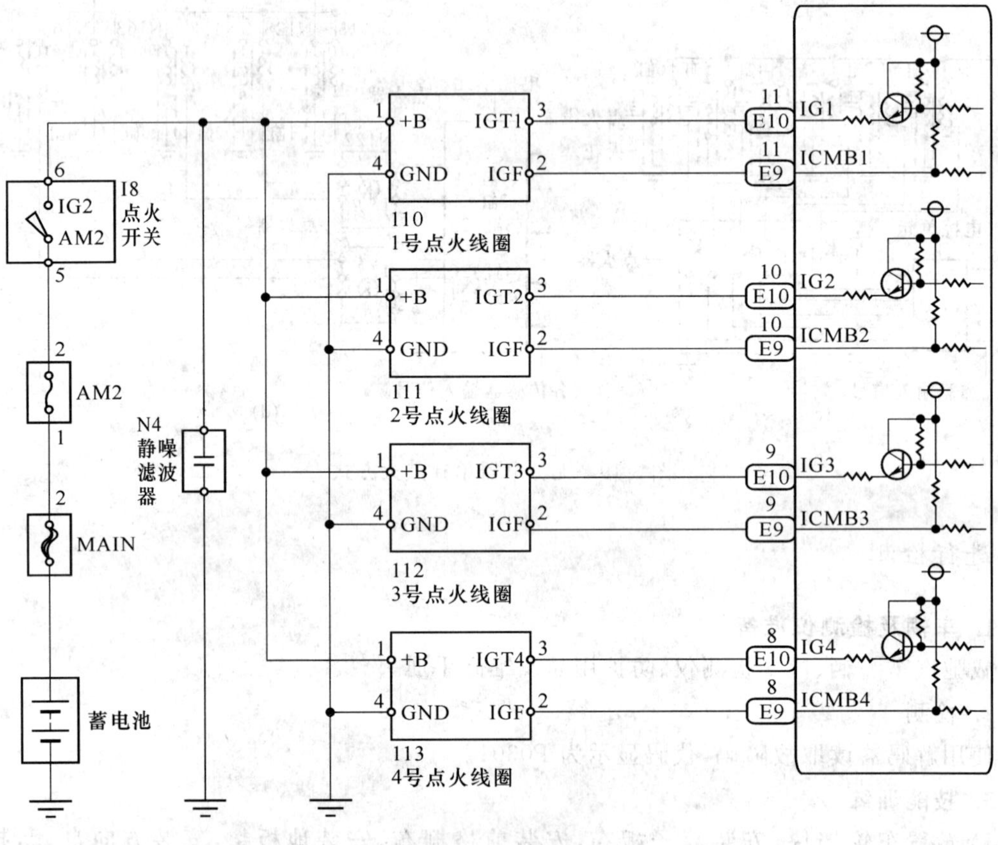

图 3-20　点火控制电路

4. 拆卸整理

清理场地和工具,拆除防护用品及安全装置。

5. 总结

点火系统对发动机的工作性能影响较大,尤其点火时间直接影响到发动机的工作状况。微机控制的点火系统,点火时间由 ECU 来进行调节,不需人工去调点火时间。

三、知识拓展

威驰单缸点火系统(DSI)。控制电路如图 3-21 所示。

该系统采用一个点火线圈给一个气缸点火，火花塞连接到各次级线圈的端部，次级线圈中产生的高压电直接作用到火花塞上，火花塞产生的火花通过中央电极到达搭铁电极。

离子电流装置利用燃烧压力产生的离子电流有相同的波形这一特点来检测发动机缺火情况，带点火器的点火线圈有内置式离子电流检测装置。离子电流检测电路将检测到的离子电流转换成矩形波信号并传送到 ECM。如果发生缺火，则不产生离子电流。因此，传送到 ECM 的电压低于规定值时，ECM 判定发生缺火，但是，如果长时间未输入离子电流检测信号。则 ECM 判定离子电流装置内发生故障，ECM 使故障灯亮起并设置故障码。

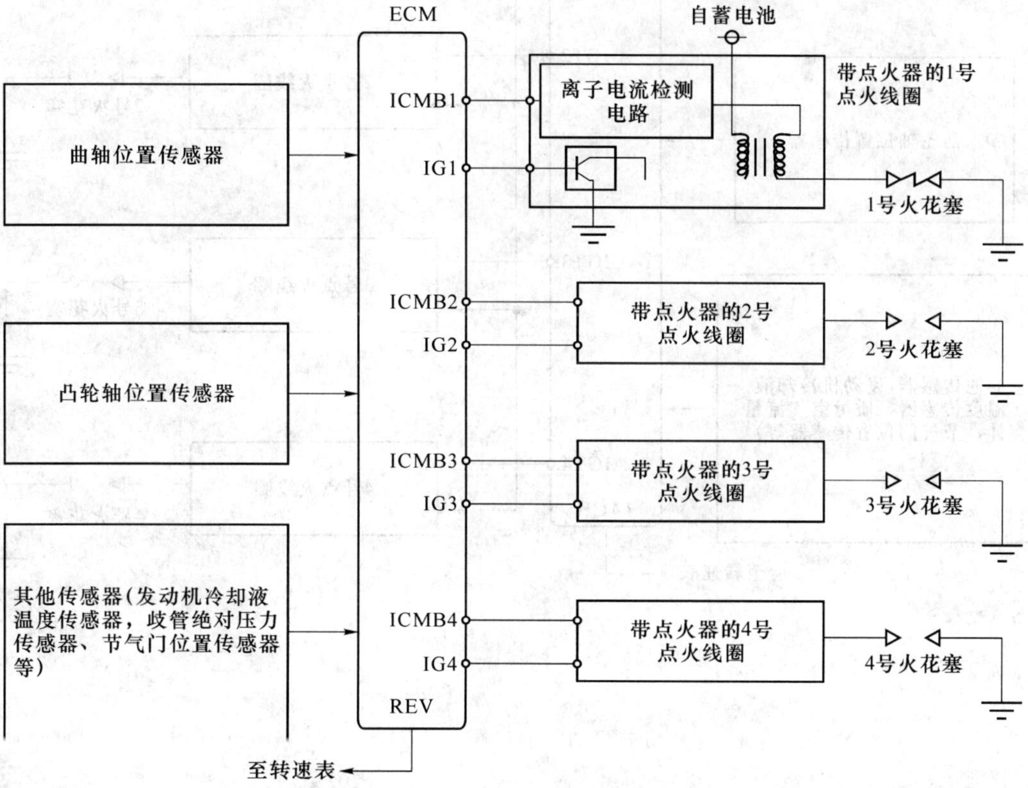

图 3-21　单缸点火系统控制电路

课后训练

(1) 下图为丰田卡罗拉电子点火控制电路图，试分析其工作原理。

(2) 把下列英文和对应的中文用短线连接。

Ignition coil	电磁线圈
Ignition switch	分电器转子
Spark plug	火花塞
Solenoid	点火开关
Distributor rotor	点火线圈

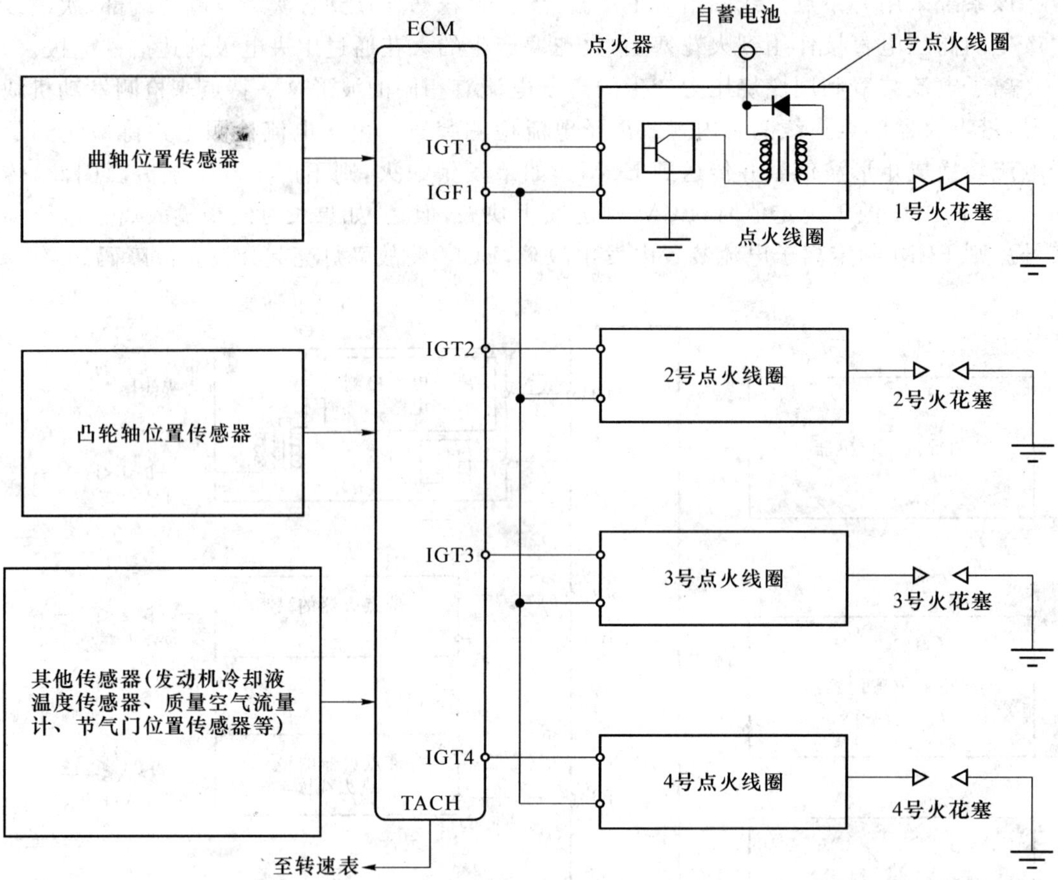
ECM
自蓄电池
点火器
1号点火线圈
曲轴位置传感器
IGT1
IGF1
1号火花塞
点火线圈
IGT2
2号点火线圈
2号火花塞
凸轮轴位置传感器
IGT3
3号点火线圈
3号火花塞
其他传感器(发动机冷却液温度传感器、质量空气流量计、节气门位置传感器等)
IGT4
4号点火线圈
4号火花塞
TACH
至转速表

学习情景四　怠速控制(ISC)电路的检测诊断与修复

任务引领：有一辆丰田威驰轿车，车主反映，发动机抖动加速不良，要求检测诊断怠速控制电路。

告知学生：

一、教学内容

怠速控制(idle speed control)电路的检测诊断。

二、教学目标

知识目标：①能够正确描述怠速控制电路的结构与工作原理；②知道怠速控制电路控制原理。

能力目标：①能够正确地分析怠速控制电路的故障原因；②能进行怠速控制电路的故障排除。

情感目标：①交流沟通能力；②团结协作能力。

其他目标：①自我学习能力；②创造能力。

实 施 教 学

一、知识铺垫

所谓发动机怠速是指发动机在无负荷(对外无功率输出)情况下的最低稳定转速。发动机在怠速工况下工作时，只需克服其内部各运动副之间的摩擦阻力，而对外无输出功率。但发动机怠速的高低，不但对燃油消耗有严重的影响，而且对发动机的排放污染、暖机时间和使用寿命等也有一定程度的影响。汽油机怠速转速一般为 300～700 r/min。因此使发动机在各种工况下能自动调节其怠速具有十分重要的意义。

一般在以下几种情况下需要提高发动机怠速(也称发动机快怠速)：

1) 发动机启动后，冷却水没有达到正常温度之前，应自动提高发动机的怠速，以免发动机运转发抖、不稳或停转，同时缩短暖机时间。

2) 发动机怠速运转时使用空调，应自动提高发动机怠速。

3) 动力转向行驶时，须自动提高发动机怠速。

4) 在发动机转速急剧降低到怠速时，需要不同程度地自动提高发动机怠速。

(一) 发动机怠速控制的组成及分类

怠速控制的实质是对怠速时的充气量的控制。燃油喷射量按照充气量的多少增减，以达到适宜的空燃比。

怠速控制的方式随车型有所不同，对电控发动机来说，目前可分为两种类型：

一是控制旁通空气道的空气流量，称之为“旁通空气道式”；二是直接控制节气门的开度，称之为“节气门直动式”。这两种都是通过调节空气通路面积的方法来控制空气流量。

其中旁通空气式是较常见的一种。

1. 旁通空气式怠速控制

旁通空气式怠速控制如图 3-22 所示，在节气门旁的旁通空气道内设一个阀门（怠速阀），阀门由执行元件驱动，当阀门打开时，旁通空气道截面面积增大，空气流量增大，怠速转速提高；反之，怠速转速降低。下面介绍几种常见的控制方法。

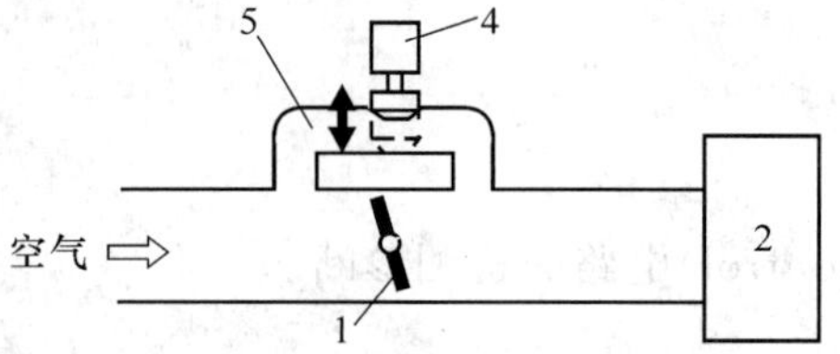

1—节气门；2—进气管；3—节气门操纵臂；
4—执行元件；5—怠速空气通道

图 3-22　旁通空气式怠速控制

(1) 真空控制式

在早期生产的电控汽油喷射发动机中，怠速控制也常采用真空控制方式。它主要由旁通空气控制阀和真空控制阀组成，并由 ECU 进行控制。如图 3-23 所示。

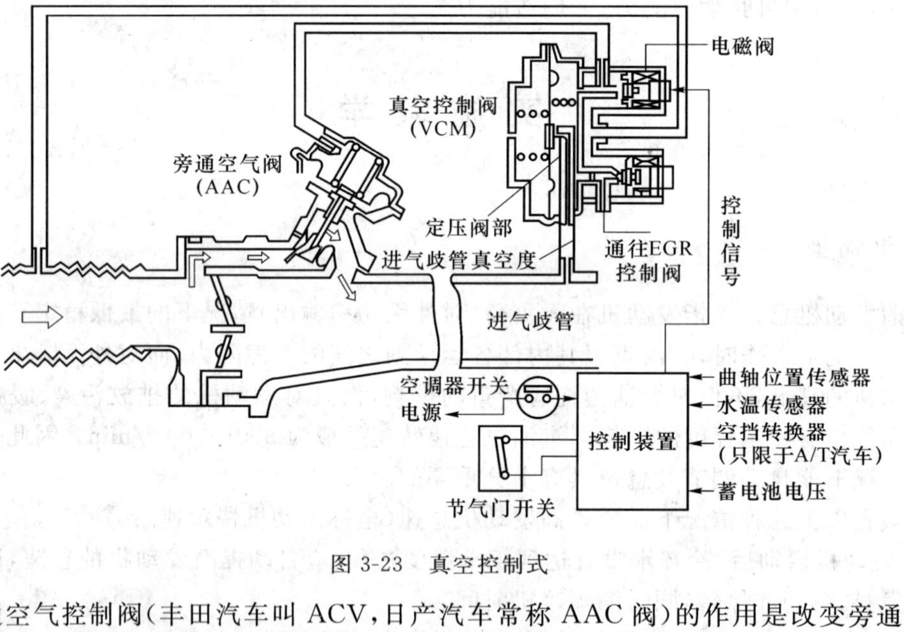

图 3-23　真空控制式

旁通空气控制阀（丰田汽车叫 ACV，日产汽车常称 AAC 阀）的作用是改变旁通空气道的截面积，改变空气流量，从而改变怠速转速，旁通空气控制阀膜片室中间由膜片分开，下腔与大气相通，上腔与真空控制阀相通，称为膜片室。真空控制阀控制膜片室的真空度，可以吸动膜片上下运动而带动阀门上下运动，改变阀门的开闭程度，膜片室的真空度越大，膜片越吸向上方，阀门的开度越小，流经旁通空气道的空气量越少；反之，膜片式的真空度减小时，膜片在弹簧力的作用下向下移，阀门开度增大，流经旁通空气道的空气量增多。

真空控制阀（丰田汽车称 VCV，日产汽车称 VCM）的作用是控制通往旁通空气控制阀膜片室的真空度。真空控制阀由 ECU 根据水温传感器的信号进行控制。真空控制阀主要由定压阀和电磁阀两部分组成，如图 3-24 所示。

定压阀在图 3-24 的左半部，它由一个靠压力差进行开关的膜片阀，膜片的左边与大气相通，作用着大气压，膜片的右边与进气歧管相通，称为负压室，作用着进气歧管的真空度，当负压室的真空度小于－16 kPa 时，在右侧膜片弹簧的作用下，膜片阀呈开启状态；当负压室的真空度达到－16 kPa 时，膜片阀口也是关闭的，使负压室的真空度保持在－16 kPa。电磁阀由 A、B 两个组成。它们分别用来控制旁通空气控制阀和废气再循环(EGR)控制阀。

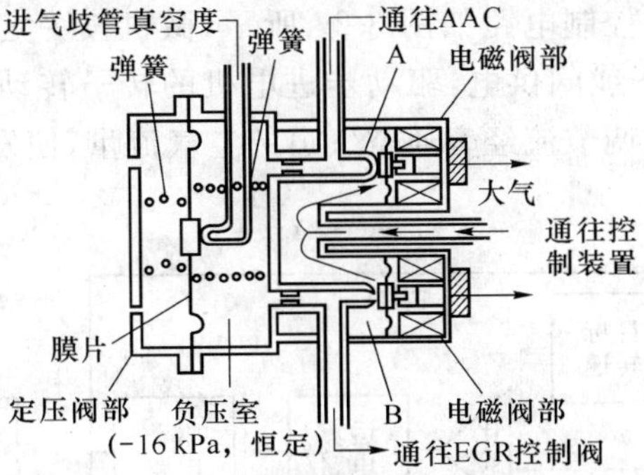

图 3-24　真空控制阀结构示意图

电磁阀 A 的作用是控制通往旁通空气控制阀膜片室的真空度。电磁阀由 ECU 进行控制，当电磁阀线圈通电时，电磁阀口被打开并与大气相通，由于空气的进入，使通往旁通空气控制阀管道内的真空度减小，当电磁线圈断电时，电磁阀阀口关闭，此时管道内的真空度又相对增大。电磁线圈的通电情况，由 ECU 对电磁线圈的脉冲占空比进行调节。所谓占空比，是指在一个脉冲循环里，电磁线圈通电时间(即阀门打开的时间)所占的比值。因此，只要 ECU 控制电磁线圈的脉冲占空比，就能控制旁通空气道中的空气流量，就可以控制怠速转速。占空比越大，怠速转速越高，反之，怠速转速降低。

(2) 步进电动控制式

目前，不少电控燃油喷射发动机采用步进电动机控制怠速转速，步进电机由 ECU 控制，如图 3-25 所示。采用该控制方法，能使发动机获得最佳的怠速转速。

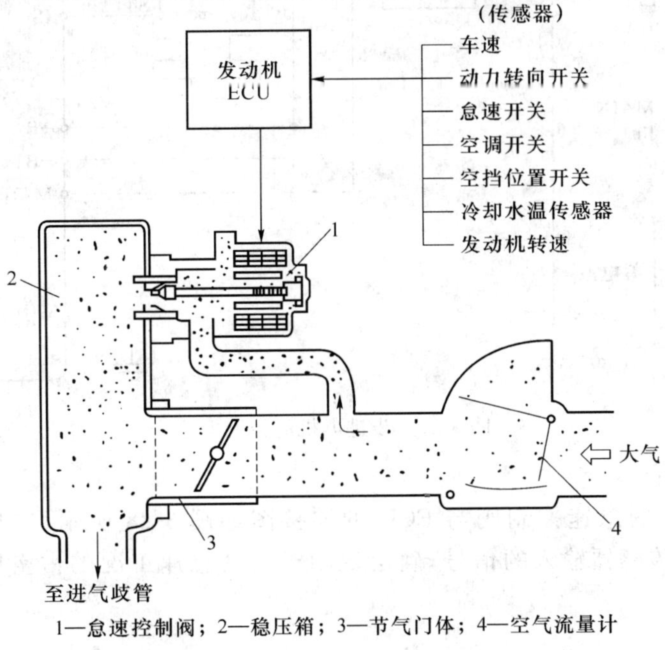

1—怠速控制阀；2—稳压箱；3—节气门体；4—空气流量计

图 3-25　步进电机式怠速控制机构

怠速控制程序如图 3-26 所示，首先，ECU 根据怠速开关节气门全开信号、车速信号判断发动机处于怠速状态。然后，采用发动机转速的反馈控制形式，即 ECU 把发动机的实际转速与根据发动机冷却水温度、空调压缩机的负荷以及自动变速器（液力变矩器）的负荷等状况所决定的目标转速进行比较，根据比较得出的差值，确定相应目标转速的控制量，去驱动异步电动机，步进电机的控制电路如图 3-27 所示，微机按一定的顺序，使功率晶体管 $T_1 \sim T_4$ 导通，给步进电机定子线圈供电，驱动步进电机的转子转动，使其前端的阀门移动，改变阀门与阀座之间的距离，调节流经旁通空气道的空气流量，使发动机的怠速转速达到所要求的目标转速。

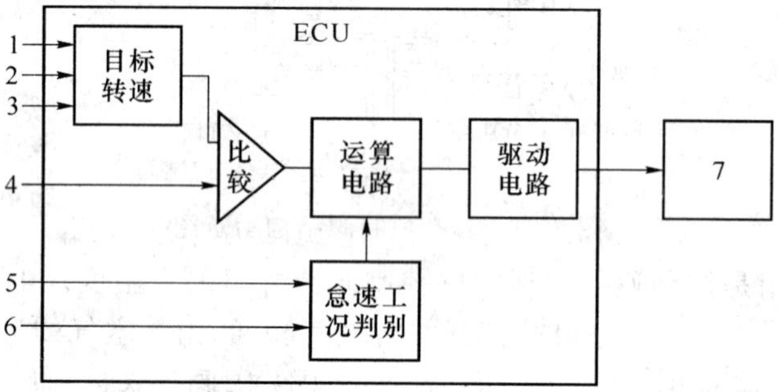

1—冷却水温度信号；2—A/C开关信号；3—空挡位置开关信号；4—转速信号；5—节气门位置信号；6—车速信号；7—执行元件

图 3-26　怠速控制程序

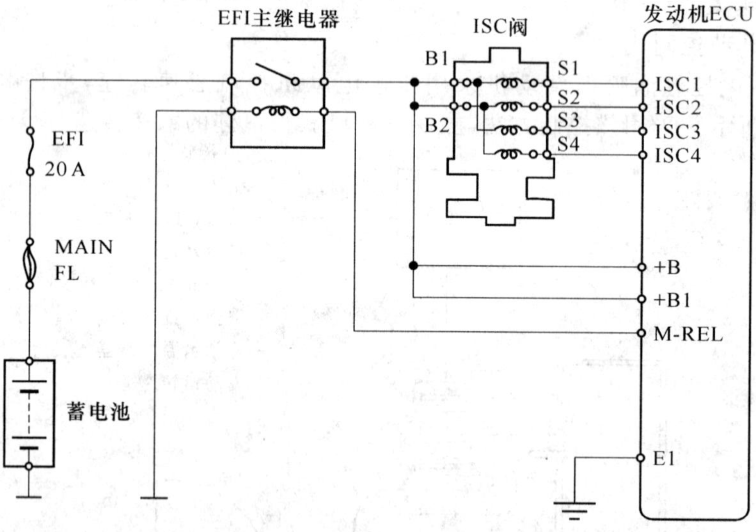

图 3-27　步进电机的控制电路

（3）旋转电磁阀式

旋转电磁阀式的怠速控制阀与 ECU 的连接图如图 3-28 所示，在整个怠速范围内，ECU 根据水温等传感器输入的信号，确定发动机所处怠速工况的占空比，对怠速转速进行控制。

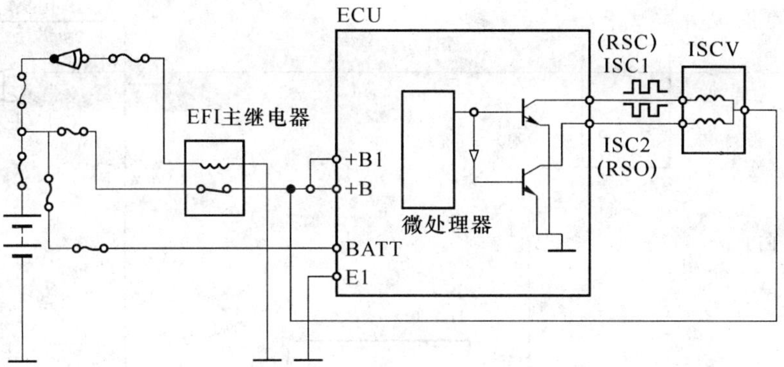

图 3-28　旋转电磁阀式的怠速控制阀与 ECU 的连接图

2. 节气门直动式怠速控制

节气门直动式怠速控制机构如图 3-29 所示，它是通过控制节气门的开启程度，调节空气通道的截面，达到控制进气量，实现怠速控制，该种形式的怠速控制机构主要用于单点喷射系统。

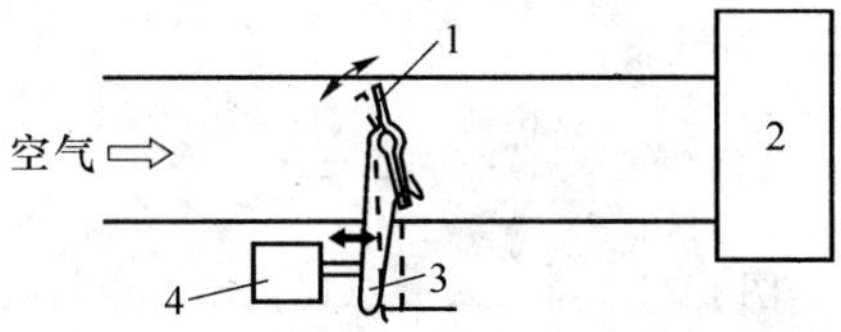

1—节气门；2—进气管；3—节气门操纵臂；
4—执行元件

图 3-29　节气门直动式怠速控制机构

怠速执行机构由产生旋转力矩的直流电动机、增大旋转力矩的减速齿轮、变角位移为直线位移的给进丝杆等部件组成。直流电动机由 ECU 控制。

怠速执行机构的传动轴与节气门操纵臂的全闭限制器相接触，通过控制直流电动机，旋入或旋出传动轴，调节节气门全闭限制器的位置，以调节节气门的通道面积，调节进气量，实现怠速控制的目的。

这种形式的怠速控制机构，具有较强的工作能力，控制位置稳定性好，但由于使用了减速机构，使变位速度下降，因此响应性不好，目前较少采用。

二、进行检测

1. 车辆及检测仪准备

威驰汽车一辆、汽车检测仪、防护用品及维修手册。丰田威驰怠速控制电路如图 3-30 所示。

2. 检测

使用解码器读取故障码显示为 P0505，此代码为怠速控制系统故障。

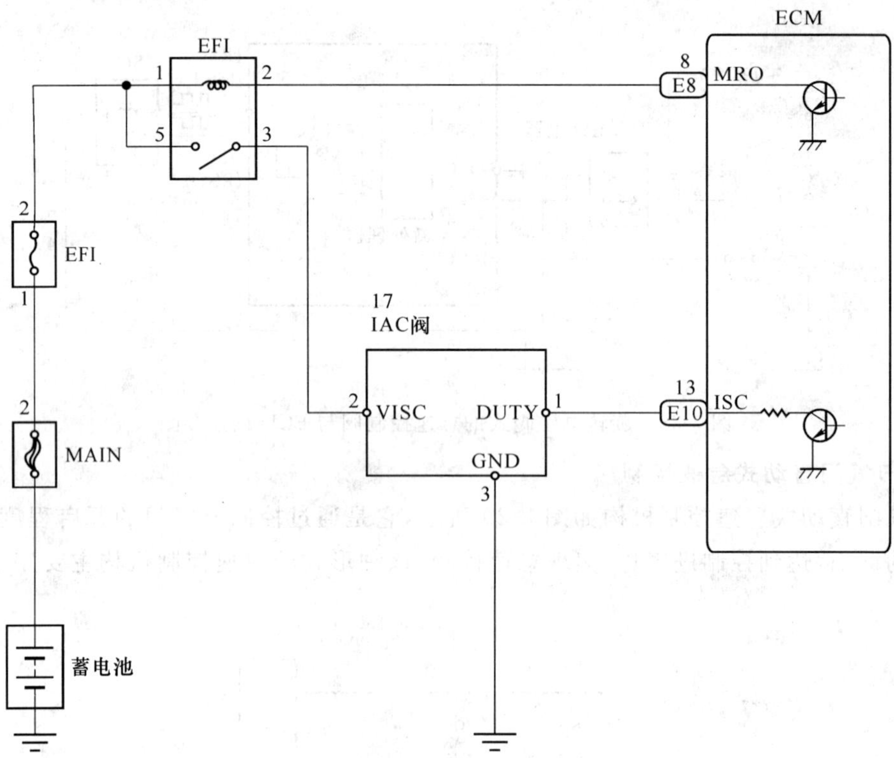

图 3-30　丰田威驰怠速控制电路图

3. 技能训练

1）放置车轮挡块，安装翼子板布，安装前格栅布，安装地板垫，安装方向盘套，拉紧手刹。

2）连接好测试接头与解码器，把测试接头与故障诊断座连接，开启解码器电源按钮，读取故障码显示为 P0505。

3）用解码器的执行元件测试功能对怠速控制阀进行主动测试（启动发动机预热达到正常工作温度，关闭所有附件开关，关闭空调，排挡杆换至 N 挡），检查发动机转速的变化情况，如有异常，检查线束和连接器。

4）检查线束和连接器（电源电压）。断开 IAC 阀连接器 17，打开点火开关，测量 IAC 阀线束侧连接器端子间电压，VISC（17-2）-GND（17-3）之间为 11～14 V，如果不符，修理或更换线束或连接器。

5）检查线束和连接器（IAC 阀-ECM）。断开 IAC 阀连接器 17，断开 ECM 阀连接器 E10，检查电阻：DUTY（17-1）-ISC（E10-13）、GND（17-3）-车身搭铁之间小于 1 Ω，DUTY（17-1）或 ISC（E10-13）-车身搭铁之间为 10 kΩ 或更大。如有异常，修理或更换线束或连接器。正常，检查或更换 ECM。

4. 拆卸整理

清理场地和工具，拆除防护用品及安全装置。

5. 总结

汽车发动机怠速故障比较复杂，除了控制电路引起的故障外，还有其他一些因素引起怠速不稳，要认真分析。

三、知识拓展

皇冠 3.0 轿车的怠速控制阀的电路如图 3-31 所示。

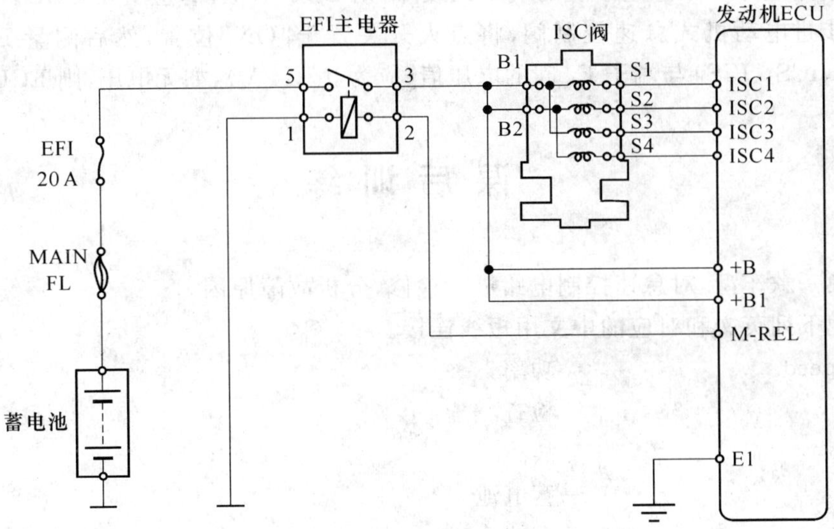

图 3-31　皇冠 3.0 轿车发动机怠速控制阀电路

怠速控制系统的就车检测方法有三种，可酌情选用。

(1) 发动机怠速运转状况检测

在冷车状态下启动发动机后，暖机过程开始时，发动机的怠速转速应能达到规定的快怠速转速(通常为 1 500 r/min)；在发动机达到正常工作温度后，怠速转速应能恢复正常(通常为 750 r/min)。如果冷车启动后怠速不能按上述规律变化，则怠速控制系统有故障。

发动机达到正常工作温度后，在打开空调开关时，发动机怠速转速应能上升到 900 r/min 左右。若打开空调开关后发动机转速下降，则怠速控制系统有故障。

在发动机怠速运转中，若对怠速调节螺钉作微量转动，发动机怠速转速应不会发生变化(转动后应使怠速调节螺钉恢复原来的位置)。若在转动中怠速转速发生变化，说明怠速控制系统不工作。

(2) 怠速控制阀的工作状况检查

对于脉冲线性电磁阀式怠速控制阀，可在发动机怠速运转中拔下怠速控制阀线束连接器，观察发动机的转速是否有变化。如此时发动机转速有变化，则怠速控制阀工作正常。对于步进电动机式怠速控制阀，可在发动机熄火后的一瞬间倾听怠速控制阀是否有“嗡嗡”的工作声音(此时步进电动机应工作，直到怠速控制阀完全开启，以利发动机再启动)。如怠速控制阀发出“嗡嗡”声，则怠速控制阀良好。为了检查步进电动机式怠速控制阀的工作状况，也可以在发动机启动前拔下怠速控制阀线束连接器，待发动机启动后再插上，观察发动机转速是否有变化。如果此时发动机转速发生变化，则怠速控制阀工作正常；否则，怠速控制阀或控制电路有故障。

(3) ECU 控制电压的检测

对于脉冲线性电磁阀式怠速控制阀，应拔下怠速控制阀线束连接器，用万用表电压挡测量其端子电压。如果在发动机运转过程中，怠速控制阀线束连接器端子有脉冲电压输出，ECU 和怠速控制系统线路无故障。若无脉冲电压输出，可打开空调开关后再测试。若仍无脉冲电压输出，则怠速控制系统不工作，应检查 ECU 与怠速控制阀之间的线路(是否有接触不良或断路故障)；如怠速系统的线路无故障，则 ECU 有故障，应更换 ECU。

对于步进电动机式怠速控制阀，将点火开关置于“ON”位置，然后测量 ECU 的端子 ICS_1、ICS_2、ICS_3、ICS_4 与端子 E_1 间的电压值(应为 9～14 V)，如无电压，则 ECU 有故障。

课后训练

(1) 换一款车型，对怠速控制电路进行检修，分析故障原因。

(2) 把下列英文和对应的中文用短线连接。

Idle speed	功率
Battery	检查
Check	故障
Power	蓄电池
Malfunction	怠速

学习情景五　排放控制(EC)电路的检测诊断与修复

任务引领：有一辆丰田威驰轿车，车主反映，发动机怠速不稳，排气管冒黑烟，要求诊断排放控制电路的故障。

告知学生：

一、教学内容

排放控制(emission)电路的检测诊断。

二、教学目标

知识目标：①能够正确描述排放控制电路的结构与工作原理；②知道排放控制电路控制原理。

能力目标：①能够正确地分析排放控制电路的故障原因；②能进行排放控制电路的故障排除。

情感目标：①交流沟通能力；②团结协作能力。

其他目标：①自我学习能力；②创造能力。

实 施 教 学

一、知识铺垫

汽油机的有害排放物包括混合气燃烧不完全产生的碳氢化合物(HC)、一氧化碳(CO)、高温燃烧产生的氮氧化物(NOx)、油箱内的汽油蒸气、曲轴箱漏气等。常见的减轻废气排放污染的装置有曲轴箱强制通风系统、燃油蒸发控制系统、废气再循环(EGR)系统、减速废气净化装置、三元催化转化器等。曲轴箱强制通风系统的工作由曲轴箱强制通风阀控制，它可将窜入曲轴箱的废气重新引入气缸内燃烧，三元催化器直接安装在排气管中，能使废气中的 HC、CO、NOx 经催化反应后生成无害的 CO_2、N_2 和 H_2O 气体。燃油蒸发控制系统及废气再循环系统的工作在化油器式发动机及少数汽油喷射式发动机中是由进气管的真空度来控制的，下面介绍应用在大部分电子控制汽油喷射式发动机中的电控单元(ECU)控制的燃油蒸发控制系统、废气再循环系统。

(一) 燃油蒸发控制系统的检测

1. ECU 控制燃油蒸发控制系统的结构与工作原理

燃油蒸发控制系统的作用是防止汽车油箱内蒸发的汽油蒸发排入大气，它由蒸气回收罐(也称活性炭罐，如图 3-32 所示)控制电磁阀、蒸气分离阀及相应的蒸气管道和真空软管组成，如图 3-33 所示。蒸气分离阀安装在油箱的顶部，油箱内的汽油蒸气从该阀出口经管道进入蒸气回收罐，该阀的作用是防止汽车翻倾时，油箱内的燃油从蒸气管道中漏出，蒸气回收罐内充满了活性炭颗粒，故又称为活性炭罐。活性炭罐可以吸附汽油蒸气中的汽油分子。当油箱内的汽油蒸气经蒸气管道进入蒸气回收罐时，蒸气中的汽油分子被活性炭吸附。蒸气回收罐上方的另一个出口经真空软管与发动机进气歧管相通。软管中部有一个电磁阀控制管路的通断。当发动机运转时，如果电磁阀开启，则在进气歧管真空吸力的作用下，新鲜的空气将从蒸气回收罐下方进入，经过活性炭后再从蒸气回收罐的出口进入软管的发动机进气歧管，把吸附在活性炭上的汽油分子送入发动机燃烧，使之得到充分利用；蒸气回收罐内的活性炭则随之恢复吸附能力，不会因使用太久而失效。

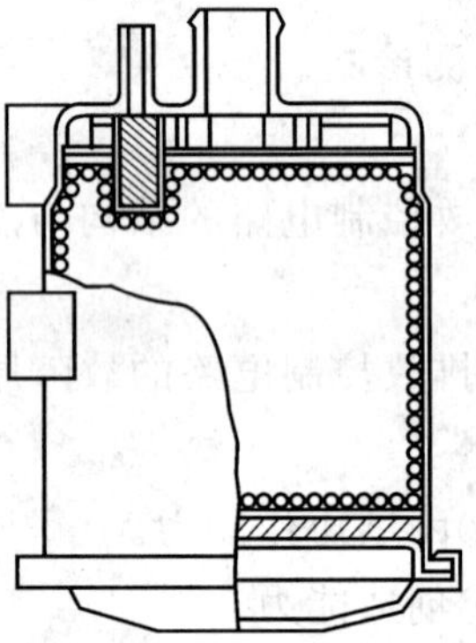

图 3-32　蒸汽回收罐

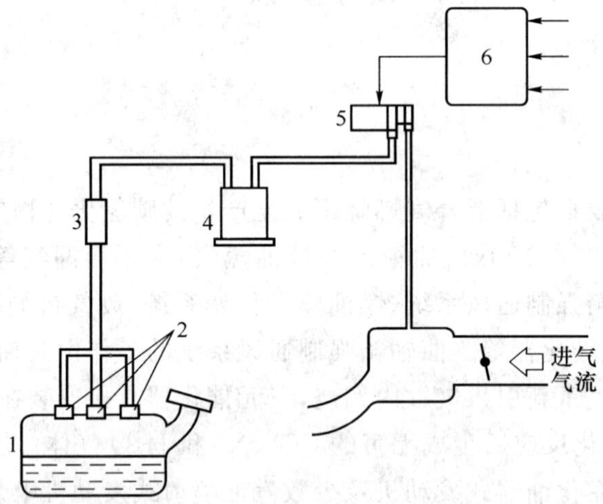

1—汽油箱；2—蒸气分离阀；3—双向阀；4—蒸气回收罐；
5—控制电磁阀；6—ECU

图 3-33　微机控制燃油蒸发控制系统

进入进气歧管的回收燃油蒸气量必须加以控制，以防破坏正常的混合气成分。这一控制过程由计算机根据发动机的水温、转速、节气门开度等运行参数，通过操纵控制电磁阀的开闭来实现。在发动机停机或怠速运转时，微机使电磁阀关闭，从油箱中逸出的燃油高速运转时，计算机使电磁阀开启，储存在蒸气回收罐内的汽油蒸气经过真空软管后被吸入发动机。此时，因为发动机的进气量较大，少量的燃油蒸气不会影响混合气的成分。

2. 燃油蒸发控制系统的检测

对燃油蒸发控制系统的故障，微机一般不能自行诊断，只能采用就车检测和单件检测方法来查找。

(1) 就车检测

就车检测可按下述顺序进行：

1) 将发动机预热至正常工作温度，并使之怠速运转。

2) 拔下蒸气回收罐上的真空软管，检查软管内有无真空吸力，若燃油蒸发控制系统工作正常，在发动机怠速运转中电磁阀应关闭，真空软管内无真空吸力，如图 3-34 所示。如果此时真空软管内有真空吸力，则用万用表 V 挡检查电磁阀线束连接器端子上是否有电压。若电磁阀线束连接器端子有电压，说明 ECU 有故障；若无电压，则说明电磁阀有故障。

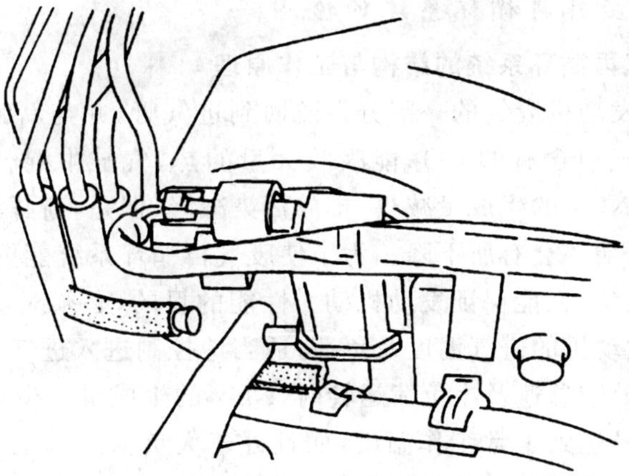

图 3-34　控制电磁阀的就车检查

3) 踩下加速踏板，当发动机转速大于 2 000 r/min 时，检查上述真空软管内有无真空吸力，若真空软管内有真空吸力，则说明该系统工作正常；若真空软管内无真空吸力，则用万用表 V 挡检查电磁阀线束连接器端子上是否有电压。若电压正常，说明电磁阀有故障，若电压异常，则说明 ECU 或控制线路有故障。

(2) 电磁阀的单件检查

1) 检查电磁阀电磁线圈的电阻值

拔下电磁阀线束连接器，用万用表 Ω 挡测量电磁阀电磁线圈的电阻值。电阻值应符合规定，否则应更换电磁阀。

2) 检查电磁阀的工作

拆下电磁阀，首先向电磁阀内吹气，电磁阀应不通气，然后将蓄电池电压加到电磁阀连接器的两端子上，如图 3-35 所示，并同时向电磁阀内吹气，此时电磁阀应通气，如电磁阀的状态与上述情况不符，则电磁阀有故障，应更换。

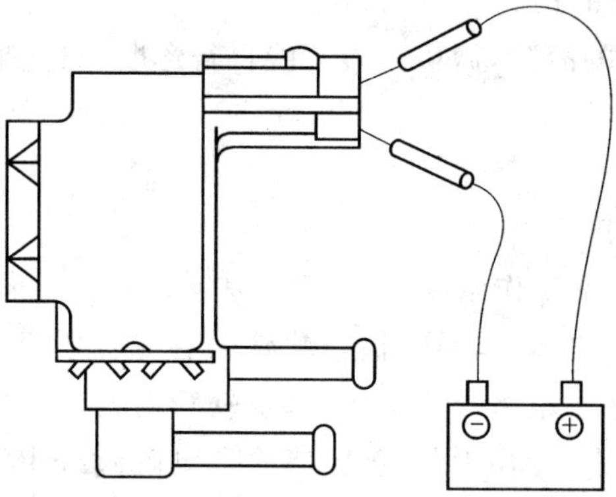

图 3-35　控制电磁阀的单件检查

（二）微机控制废气再循环系统的检测

1. ECU控制废气再循环系统的结构与工作原理

废气再循环是指发动机废气的一部分再送回到进气管，并与新鲜的混合气一起进入气缸参与燃烧。由于废气中含有的 CO_2 能吸收大量的热，气缸中混合气燃烧的最高温度降低，因此，燃烧过程中 NOx 的生成量减少，排放污染减轻，但是，新鲜混合气中掺入废气后热值降低，发动机的输出功率会有所下降。为了使废气再循环系统能更有效地发挥作用，达到既能减少 NOx 的生成量，又能保证发动机动力性能的目的，必须对参与废气再循环的废气量加以控制，即根据发动机的进气温度及负荷，适当地控制进入进气系统的废气量。当发动机冷却液温度较低或处于怠速及小负荷运转时，NOx 的生成量很少，通常不需要引入废气；当发动机冷却液温度已达到正常工作温度，而且处于大负荷运作工况时，NOx 的生成量较多，此时应引入废气，并随着发动机负荷的增大相应地增加引入的废气量。

(1) 普通计算机控制废气再循环系统

普通计算机控制废气再循环系统有废气再循环阀、废气调整阀、废气再循环电磁阀及相应的废气管道和真空管组成，如图 3-36 所示。①废气再循环用于控制再循环的废气量，作用在废气再循环阀真空室内的真空度越大，阀的开度就越大，再循环的废气量也越大，如图 3-37 所示。②废气调整阀的作用是利用进气管真空度的变化，按节气门开度的大小控制通往废气再循环阀的真空度，使废气再循环阀的开度随节气门的开大而增大，即再循环的废气量随发动机负荷的增大而相应增加，如图 3-38 所示。③废气再循环控制电磁阀由计算机控制。计算机根据空气流量传感器、节气门位置传感器、冷却液温度传感器、发动机转速传感器等输送的信号，在一定条件下断开废气再循环控制电磁阀的电源，切断真空管路，让空气进入废气调整阀，使废气再循环阀关闭，这些条件是：发动机处于启动状态，发动机冷却液温度低于 50 ℃，节气门位置传感器的怠速触点接通，发动机低速、小负荷运转，发动机高速运转、突然加速或减速。废气再循环控制电磁阀的结构如图 3-39 所示，它主要由阀体、阀芯、弹簧和电磁线圈等组成。在废气再循环控制电磁阀的电磁线圈不通电时，阀芯被弹簧预紧，通大气阀口关闭，进气歧管与废气再循环阀真空室相通，当废气再循环控制电磁阀通电时，阀芯在磁场力的作用下移动，真空通道被截断，而此时通大气阀口开启，废气再循环阀真空室与大气相通。

有的废气再循环系统中没有废气调整阀，直接由废气再循环控制电磁阀控制通往废气再循环阀的真空度，其控制方式如图 3-40 所示。该系统在日产车 VG30 型发动机上的布置如图 3-41 所示。

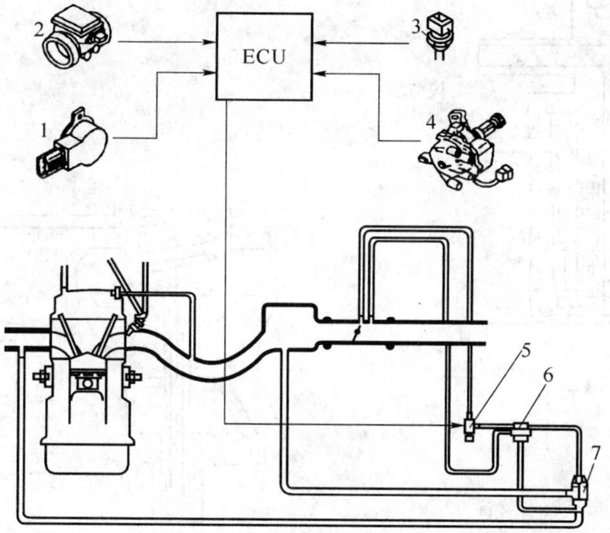

1—节气门位置传感器；2—空气流量传感器；3—水温传感器；
4—发动机转速传感器；5—废气再循环控制电磁阀；
6—废气调整阀；7—废气再循环阀

图 3-36 普通微机控制废气再循环系统

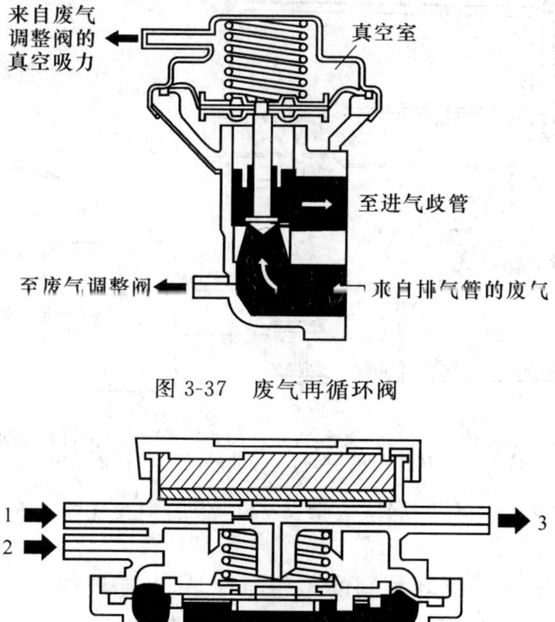

图 3-37 废气再循环阀

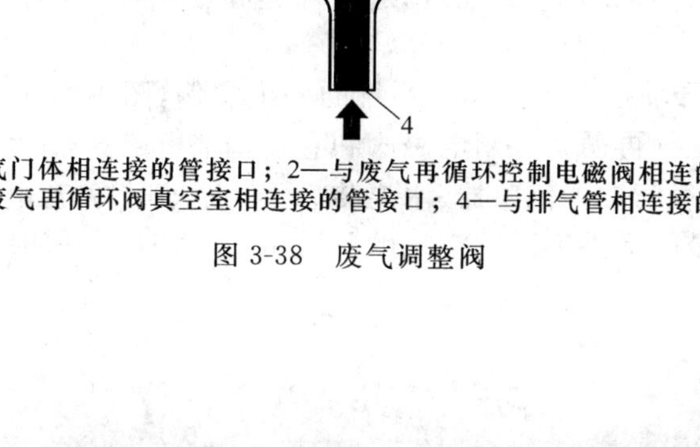

1—与节气门体相连接的管接口；2—与废气再循环控制电磁阀相连的管接口；
3—与废气再循环阀真空室相连接的管接口；4—与排气管相连接的管接口

图 3-38 废气调整阀

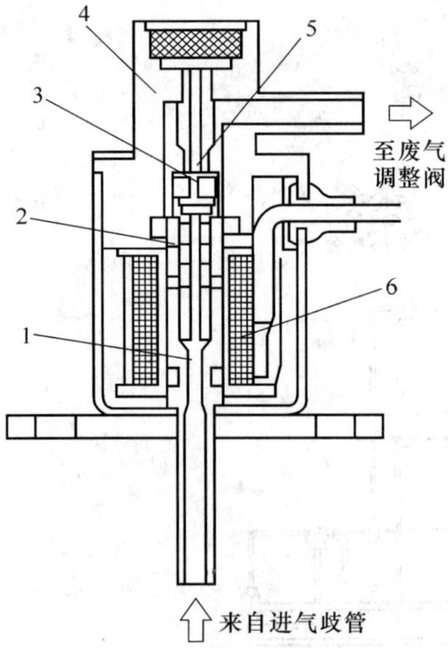

1—真空通道；2—弹簧；3—阀芯；4—阀体；
5—通大气阀口；6—电磁线圈

图 3-39　废气再循环控制电磁阀的结构

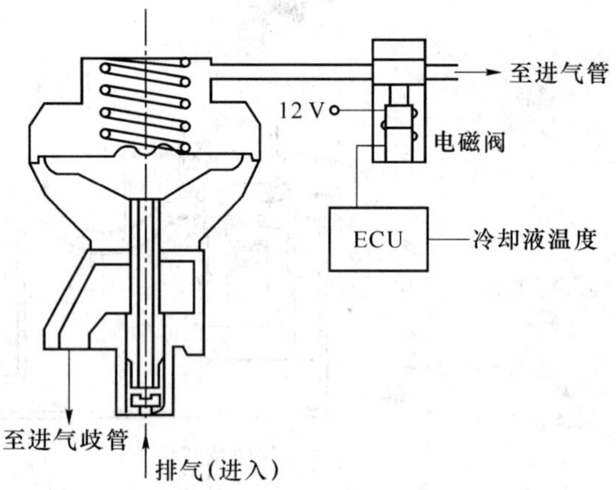

图 3-40　无废气调整阀时废气再循环的控制方式

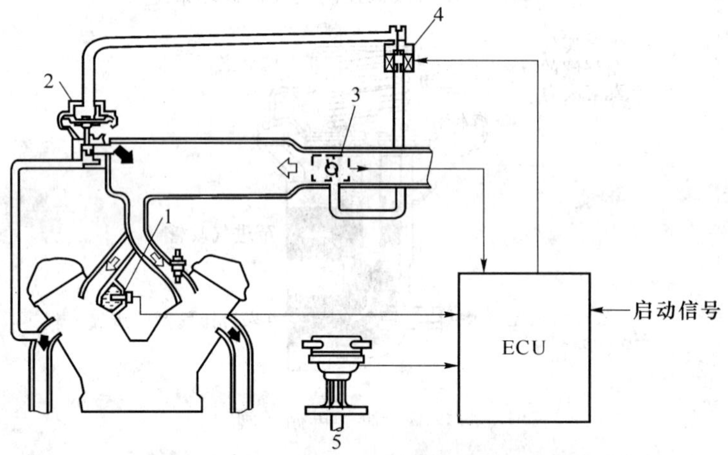

1—水温传感器；2—废气再循环阀；3—节气门位置传感器；
4—废气再循环控制电磁阀；5—曲轴转速和转角位置传感器

图 3-41　日产车 VG30 型发动机微机控制废气再循环系统

(2) 可变 EGR 率废气再循环系统

可变废气 EGR 率废气再循环控制的工作原理是：发动机计算机的 ROM 中储存有经试验确定的 EGR 率与发动机转速、进气量相对应的数据，发动机工作时，计算机根据各种传感器送来的信号确定发动机的工况，经过查表、计算和修正，然后输送适当的指令控制电磁阀的开闭时间，以调节废气再循环 EGR 率。

如图 3-42 所示是开环控制废气循环系统的一个实例，图中的 VCM 阀是一个真空调节阀，内有两个电磁阀(废气再循环控制电磁阀和怠速调节电磁阀)。发动机工作时，计算机根据曲轴位置传感器、节气门位置传感器、水温传感器、点火开关、蓄电池电压等输送的信号，给废气再循环控制电磁阀提供不同占空比的脉冲电压，以控制开闭时间。脉冲电压的占空比越大，则废气再循环控制电磁阀打开的时间越长，进入 VCM 阀真空室的空气量就越多，真空室真空度越小，废气再循环阀开度和 EGR 率也就越小（当 VCM 阀真空室的真空度小至某一值时，废气再循环阀关闭，废气再循环系统停止工作）。反之，脉冲电压的占空比越小，EGR 率就越大。

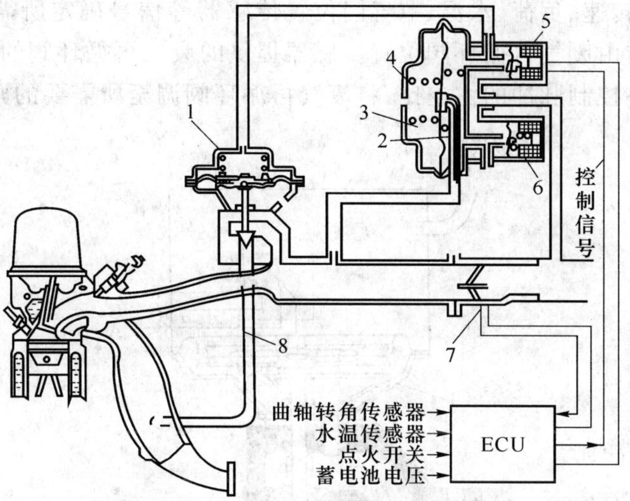

1—废气再循环阀；2—定压阀；3—真空室；4—VCM阀；
5—废气再循环控制电磁阀；6—怠速调节电磁阀；
7—节气门位置传感器；8—废气再循环管路

图 3-42　可变 EGR 率废气再循环控制系统

（3）闭环控制式废气再循环系统

在开环控制式废气再循环系统中，EGR 率只受计算机预先设置好的程序控制，计算机不检测发动机各种工况下的 EGR 率，因此无反馈信号，而在闭环控制式废气再循环系统中，计算机以 EGR 率传感器的反馈信号实现闭环控制，其控制框图如图 3-43 所示，发动机排气中的一部分经控制阀进入稳压箱，稳压箱上的 EGR 率传感器对稳压箱中新鲜空气与废气形成的混合气不断地进行氧气浓度检测，并将检测结果输入计算机，计算机不断对该输入信号进行分析计算后，向废气再循环控制阀输出控制信号，不断地调整 EGR 率，使废气再循环的 EGR 率时刻保持在理想值上，从而有效地减少 NOx 的排放量。

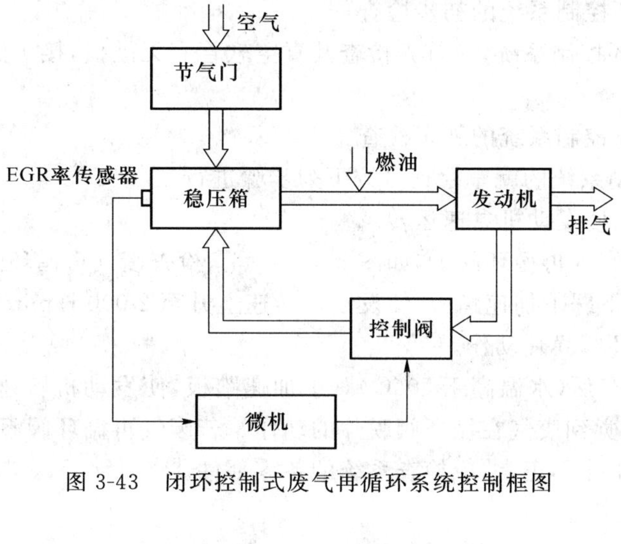

图 3-43　闭环控制式废气再循环系统控制框图

(4) 具有废气再循环阀位置传感器的废气再循环系统

有些车型(如福特汽车)发动机的废气再循环阀内设置有一个废气再循环阀位置传感器。如图 3-44 所示。在废气再循环阀工作时，其膜片带动废气再循环阀位置传感器的触点移动，将废气再循环阀开度的变化转变为电压的变化，在这种废气再循环阀控制系统中，计算机根据发动机的转速、负荷、水温、节气门位置传感器等信号确定所需要的废气再循环阀开度，并把该开度与由废气再循环阀位置传感器提供的废气再循环阀的开度数据进行比较。若不同，微机便调整控制脉冲的占空比，将废气再循环阀调至所需要的开度。

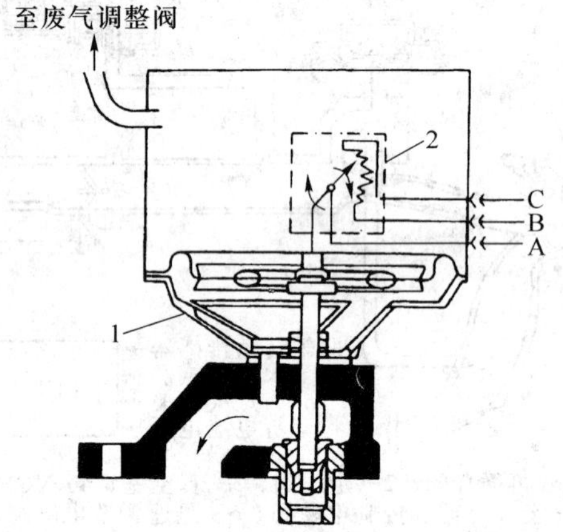

1—废气再循环阀；2—废气再循环阀位置传感器

图 3-44　废气再循环位置传感器

此外，计算机可以根据废气再循环阀位置传感器的信号检测废气再循环阀是否工作及其开度是否正常。当废气在循环阀工作不正常(开度过大或过小)时，计算机可以通过废气再循环控制电磁阀来调整废气再循环阀的开度。若调整无效，计算机便使发动机故障指示灯点亮，以表示发动机控制系统出现故障。

2. 计算机控制废气再循环系统的检测

废气再循环控制系统工作不良会造成发动机排气污染增加，功率下降，怠速运转不稳定，甚至熄火。

(1) 废气再循环控制系统的初步检查

对于废气再循环控制系统，应首先检查其真空软管有无破损，接头处有无松动、漏气等；若无，再作进一步检查。

(2) 废气再循环控制系统的就车检查

废气再循环控制系统的就车检查可按下列步骤进行：

1) 启动发动机，使发动机怠速运转。

2) 将手指按在废气再循环阀上，如图 3-45 所示。检查废气再循环阀有无动作。

3) 在冷车状态下踩下加速踏板，使发动机转速上升至 2 000 r/min 左右，此时手指上应感觉不到废气再循环阀膜片动作。

4) 在发动机热车后(水温高于 50 ℃)踩下加速踏板，使发动机转速上升至 2 000 r/min 左右，当时手指应感觉到废气在循环阀膜片的动作。若废气再循环阀不能按上述规律动作，则废气再控制系统工作不正常，应检查系统的各零部件。

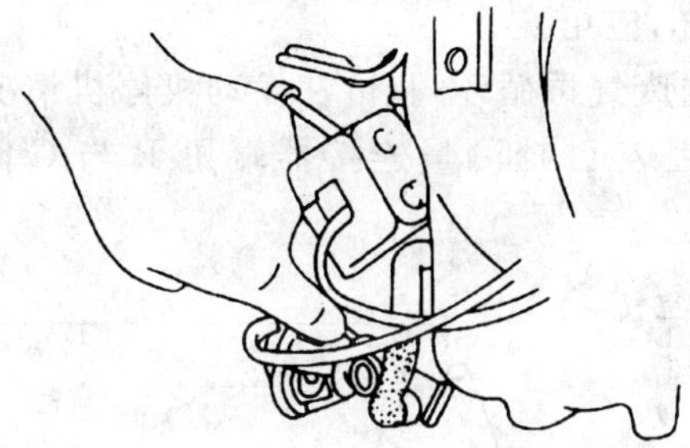

图 3-45　废气再循环控制系统的就车检查

(3) 废气再循环控制电磁阀的检查

对废气再循环控制电磁阀按下述步骤检查：

1) 将点火开关置于“OFF”位置，拔下废气再循环电磁阀线束连接器，用万用表 Ω 挡测量电磁阀的电阻值，其电阻值应符合规定(一般为 20～50 Ω)；否则，应更换废气再循环控制电磁阀。

2) 拔下与废气再循环控制电磁阀相连的各真空软管，从发动机上拆下废气再循环控制电磁阀。

3) 在废气再循环控制电磁阀不接电源时，检查各管口之间是否通气。此时，电磁阀上的管接口 A 与 B、A 与 C 之间应不通气，但管接口 B 与 C 之间应通气，如图 3-46 所示；否则，废气再循环控制电磁阀损坏，应更换。

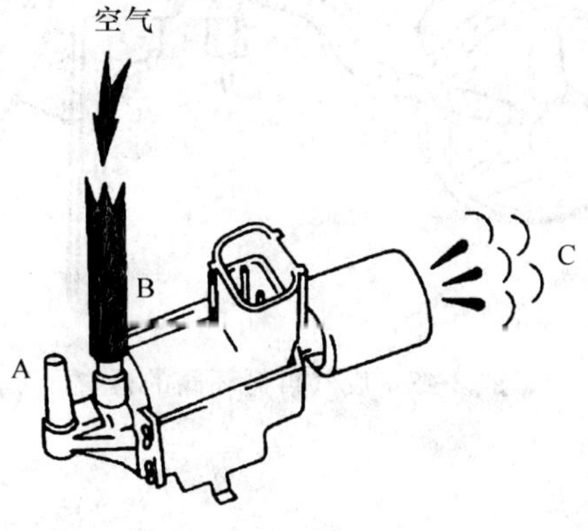

图 3-46　废气再循环控制电磁阀不通电时的检查

4) 给废气再循环控制电磁阀线圈上接上电源，如图 3-47 所示。此时，电磁阀管接口 A 与 B 之间应通气，而管接口 A 与 C、B 与 C 之间应不通气；否则，废气再循环电磁阀损坏，应更换。

(4) 废气再循环阀的检查

废气再循环阀的检查步骤为：

1) 启动发动机，使发动机怠速运转。

2) 拔下连接废气再循环阀与废气调整阀的真空软管。

3) 用手动真空泵对废气再循环阀真空施加 19.95 kPa 的真空度，如图 3-48 所示。若此时发动机怠速运转情况变坏甚至熄火，说明废气再循环阀工作正常；若发动机运转情况无变化，则说明废气再循环阀损坏，应更换。

4）对设有位置传感器的废气再循环阀，可在发动机停机情况下拔下废气再循环阀位置传感器的导线连接器，用万用表Ω挡测量连接器端子B与C间的电阻，其电阻值应符合规定。

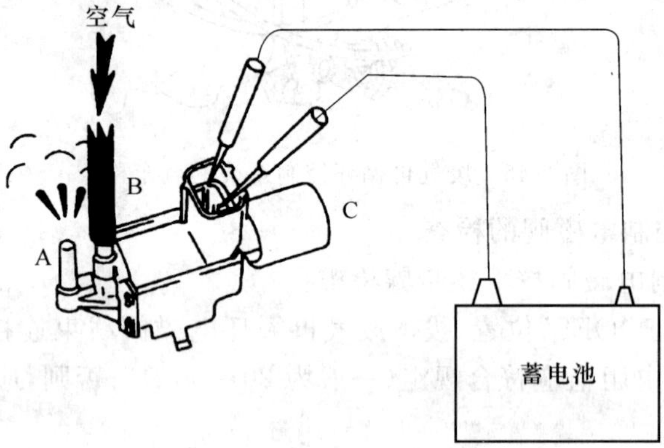

图3-47　废气再循环控制电磁阀的通电时的检查

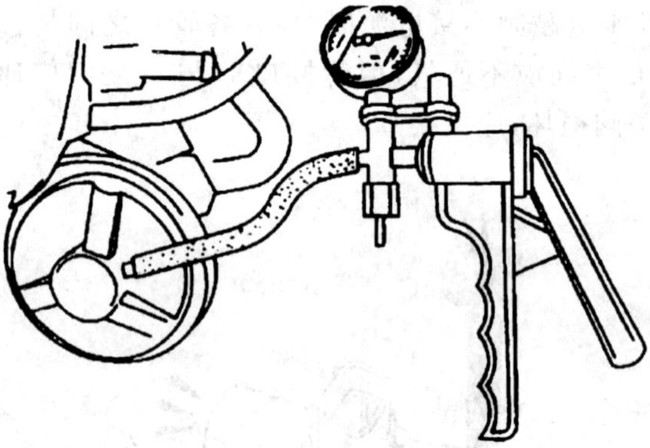

图3-48　废气再循环阀的检查

（5）废气调整阀的检查

废气调整阀的检查步骤为：

1）启动发动机，并将其预热至正常工作温度。

2）拔下连接废气调整阀与废气再循环阀的真空软管，用手指按住真空管接口，如图3-49所示，然后检查管接口内是否有真空吸力；当踩下加速踏板使发动机转速上升至2 000 r/min左右时，管接口内应有真空吸力。如废气调整阀的状态与上述情况不符，则为废气调整阀工作不正常，应拆下该阀作进一步检查。

3）拆下废气调整阀，在连接废气再循环控制电磁阀的接口处接上手动真空泵，再用手指堵住连接废气再循环阀真空管的接口，如图3-50所示。

4）向连接排气管大的管接口内泵入空气，与此同时，用手动真空泵向废气再循环控制电磁阀的接口内抽真空。此时，在连接废气再循环真空管的管接口应能感到真空吸力，在停止抽真空后，真空吸力应能保持住，无明显下降，释放连接排气管的管接口内的压力后，真空吸力也应随之消失，如废气调整阀的状态与所述情况不符，应更换。

图 3-49　废气调整阀的就车检查

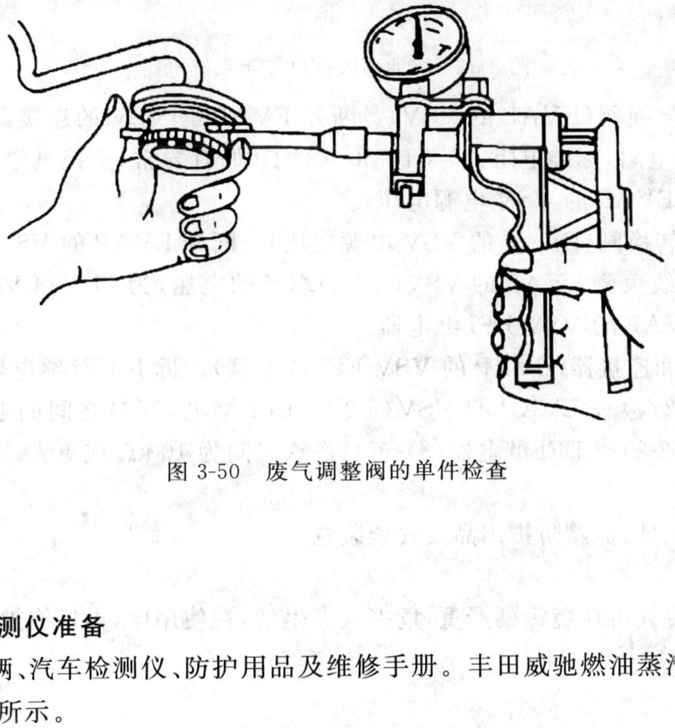

图 3-50　废气调整阀的单件检查

二、进行检测

1. 车辆及检测仪准备

威驰汽车一辆、汽车检测仪、防护用品及维修手册。丰田威驰燃油蒸汽排放控制系统控制电路如图 3-51 所示。

2. 检测

使用解码器读取故障码显示为 P0443，此代码为燃油蒸汽排放控制系统故障。

3. 技能训练

1）放置车轮挡块，安装翼子板布，安装前格栅布，安装地板垫，安装方向盘套，拉紧手刹。

2）连接好测试接头与解码器，把测试接头与故障诊断座连接，开启解码器电源，读取故障码显示为 P0443。

3）用解码器的执行元件测试功能对燃油蒸汽控制阀进行主动测试（从炭罐上拔下 EVAP 的 VSV 的真空软管，启动发动机，执行测试功能），检查断开的软管是否吸住了手指，如能吸住手指，工作正常。如有异常，检查真空转换阀。

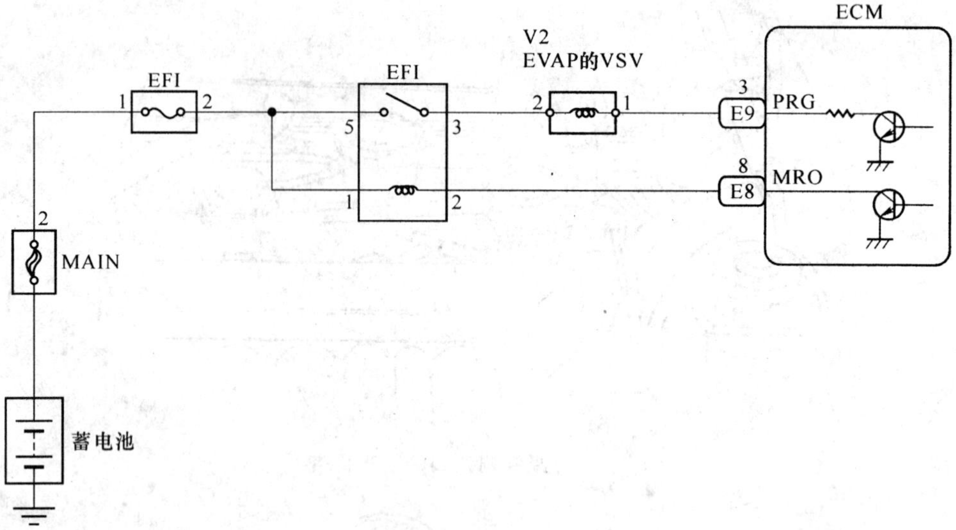

图 3-51 燃油蒸汽排放控制系统电路

4）检查真空转换阀(EVAP 的 VSV)。断开 EVAP 的 VSV 的连接器 V2,测量 EVAP 的 VSV 端子间的电阻,标准电阻:20 ℃时 30～34 Ω,如有异常,更换真空转换阀。如正常,检查真空转换阀(EVAP 的 VSV 电源电压)。

5）检查真空转换阀(EVAP 的 VSV 电源电压)。断开 EVAP 的 VSV 的连接器 V2,打开点火开关,测量线束侧 EVAP 的 VSV(V2-2)端子的电压,为 11～14 V。如有异常,检查线束和连接器(EVAP 的 VSV-EFI 继电器)。

6）检查线束和连接器(EVAP 的 VSV-EFI 继电器)。拆下 EFI 继电器,断开 EVAP 的 VSV 的连接器 V2,检查 EVAP 的 VSV(V2-2)-EFI 继电器(3)之间的电阻,应小于 1 Ω;EVAP 的 VSV(V2-2)或 EFI 继电器(3)-车身搭铁之间为 10 kΩ 或更大。

4. 拆卸整理

清理场地和工具,拆除防护用品及安全装置。

5. 总结

汽车排出的废气对环境污染严重,危害人类生活,在使用中,做好维护工作,减少废气的排放。

三、知识拓展

断油控制系统的检测

发动机电子控制的断油控制有急减速断油、超速断油和溢油三种功能,由于超速断油功能的检测需要发动机超速运转,容易造成发动机损坏,因此,通常只检测急减速断油和溢油消除两种功能。

1. 急减速断油功能按下述步骤检测

1）启动并预热发动机。

2）拔下节气门位置传感器的线束连接器,并用一根导线将连接器内与节气门位置传感器怠速触点相连的两个端子短接。

3）慢慢踩下油门踏板，使发动机转速逐渐提高，然后检查发动机转速是否在升高至1 700 r/min后突然自行下降至1 200 r/min；此时，检查若踩住油门踏板不动，发动机转速是否在1 700～1 200 r/min之间来回变化，即出现游车状态。若发动机的转速出现上述状况，则急减速断油控制系统工作正常；否则，急减速断油功能下降，应用万用表检测节气门传感器怠速触点、发动机转速传感器（曲轴位置传感器）及其线路。

2. 溢油消除功能的检测

1）拔下喷油器线束连接器，将万用表V挡两测试笔接在喷油器线束连接器两端子上。

2）将油门踏板踩到底并启动发动机，万用表指针应无摆动；否则，溢油消除功能已失效，应检测节气门位置传感器控制线路及ECU。

课后训练

（1）换一款车型，对排放控制电路进行检修，分析故障原因。

（2）把下列英文和对应的中文用短线连接。

Emission control systems	曲轴箱强制通风装置
Tail pipe	排气尾管
EGR	废气再循环装置
Charcoal canister	排放控制系统
Reverse-flow muffler	环流消声器
PCV	活性炭罐

附录 威驰轿车系统电路及端子定义

一、系统电路图

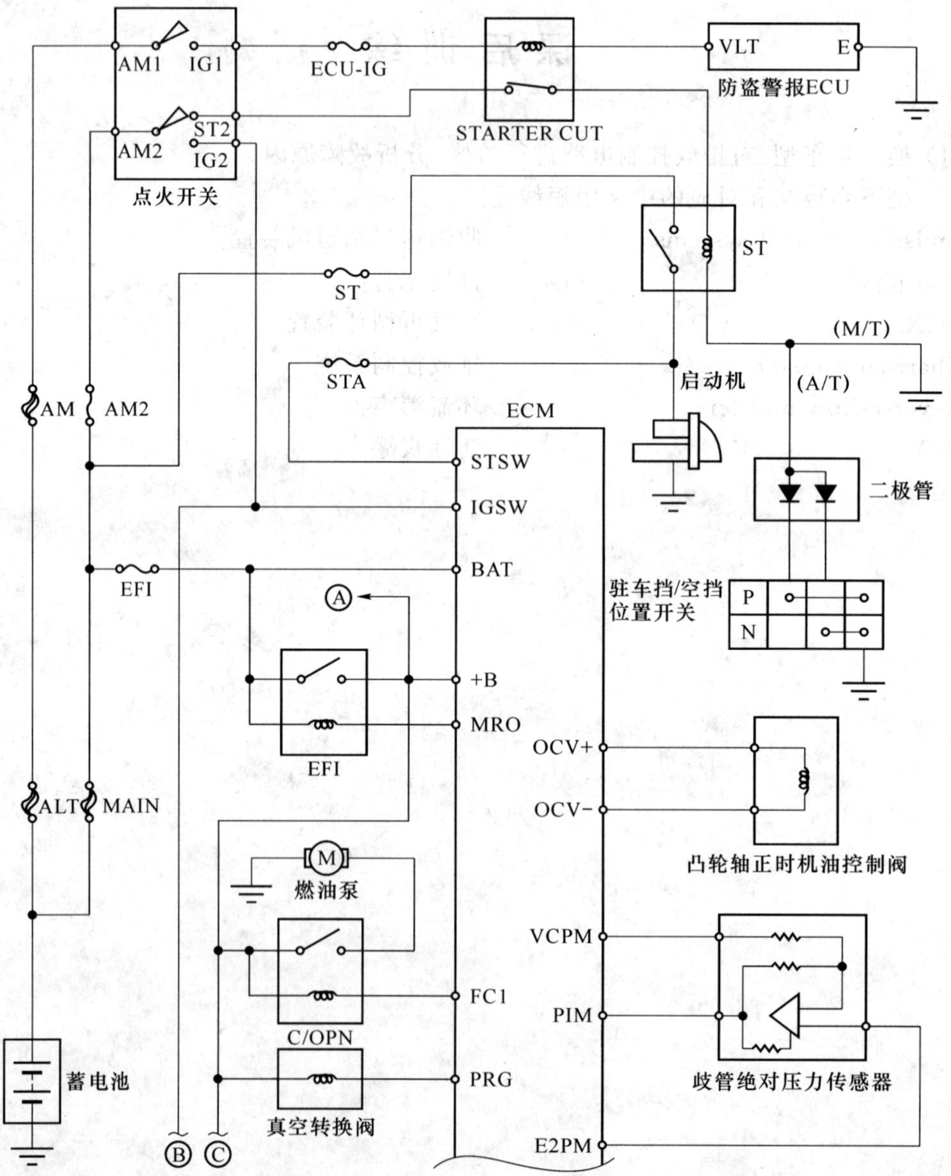

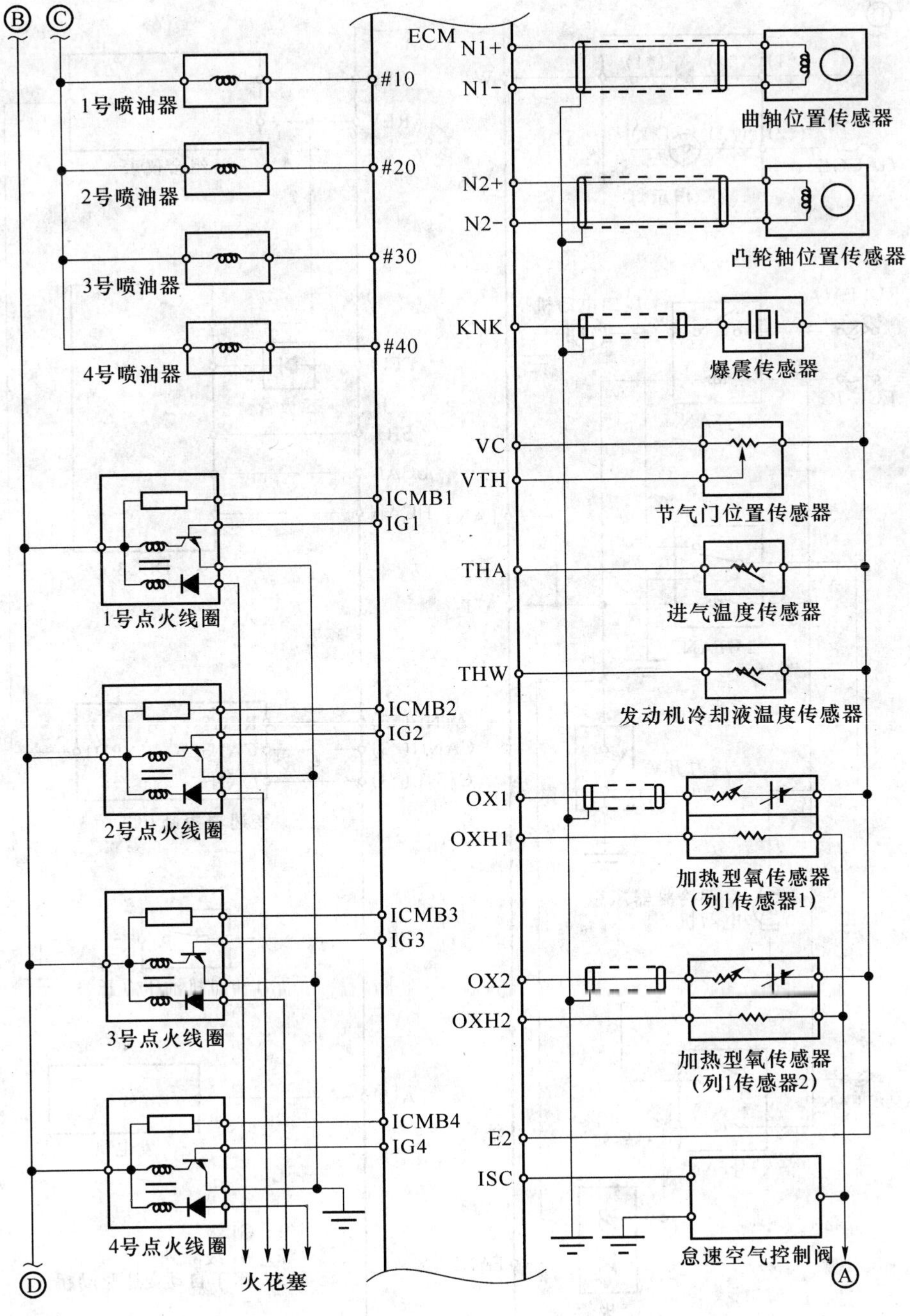

ECM
#10
#20
#30
#40
1号喷油器
2号喷油器
3号喷油器
4号喷油器
ICMB1
IG1
1号点火线圈
ICMB2
IG2
2号点火线圈
ICMB3
IG3
3号点火线圈
ICMB4
IG4
4号点火线圈
火花塞
N1+
N1−
曲轴位置传感器
N2+
N2−
凸轮轴位置传感器
KNK
爆震传感器
VC
VTH
节气门位置传感器
THA
进气温度传感器
THW
发动机冷却液温度传感器
OX1
OXH1
加热型氧传感器
(列1传感器1)
OX2
OXH2
加热型氧传感器
(列1传感器2)
E2
ISC
怠速空气控制阀

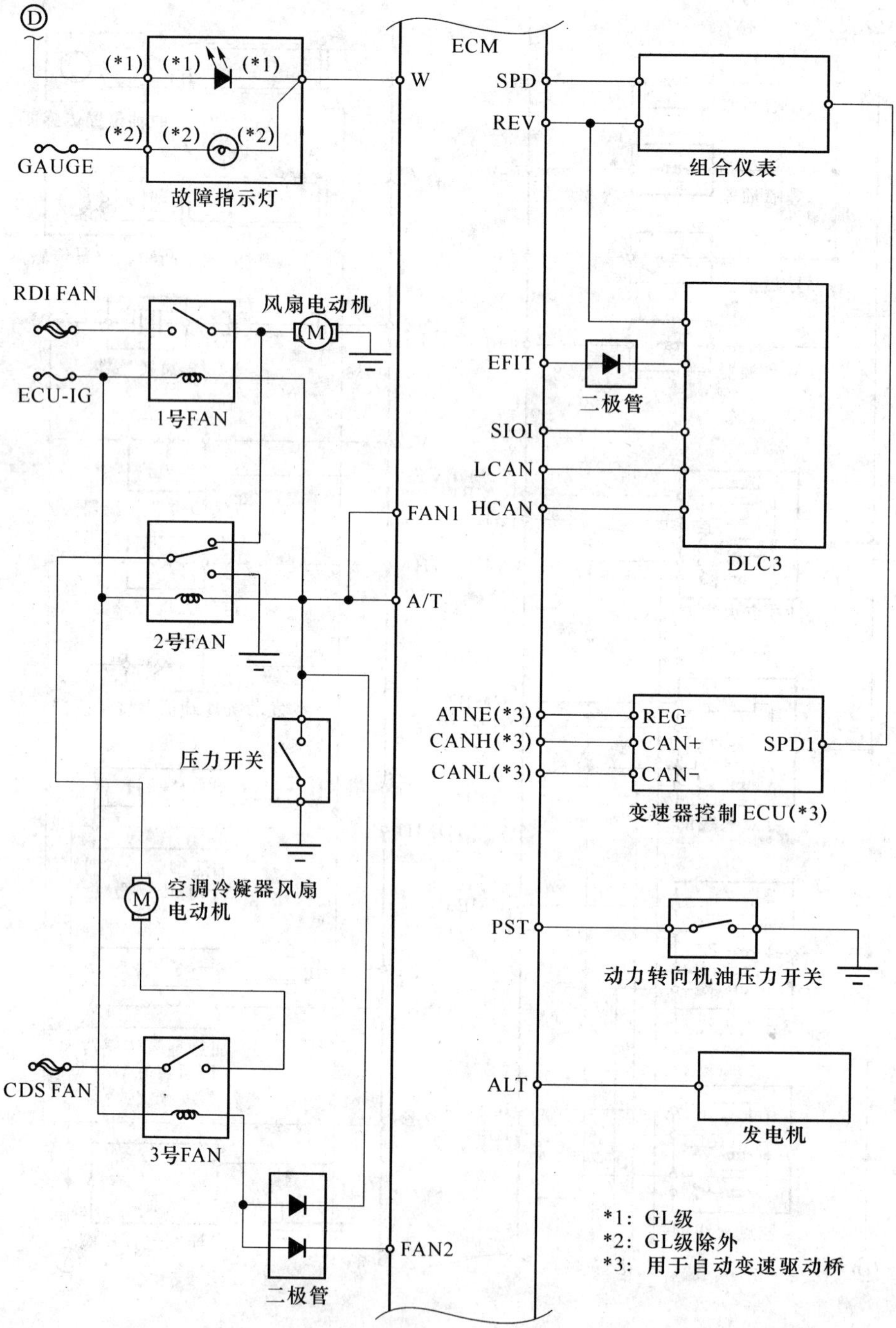
D
(*1)
(*1)
(*1)
(*2)
(*2)
(*2)
GAUGE
故障指示灯
W
ECM
SPD
REV
组合仪表
RDI FAN
风扇电动机
M
ECU-IG
1号FAN
EFIT
二极管
SIOI
LCAN
HCAN
DLC3
FAN1
A/T
2号FAN
压力开关
ATNE(*3)
CANH(*3)
CANL(*3)
REG
CAN+
CAN−
SPD1
变速器控制ECU(*3)
M
空调冷凝器风扇电动机
PST
动力转向机油压力开关
CDS FAN
ALT
发电机
3号FAN
FAN2
二极管
*1：GL级
*2：GL级除外
*3：用于自动变速驱动桥

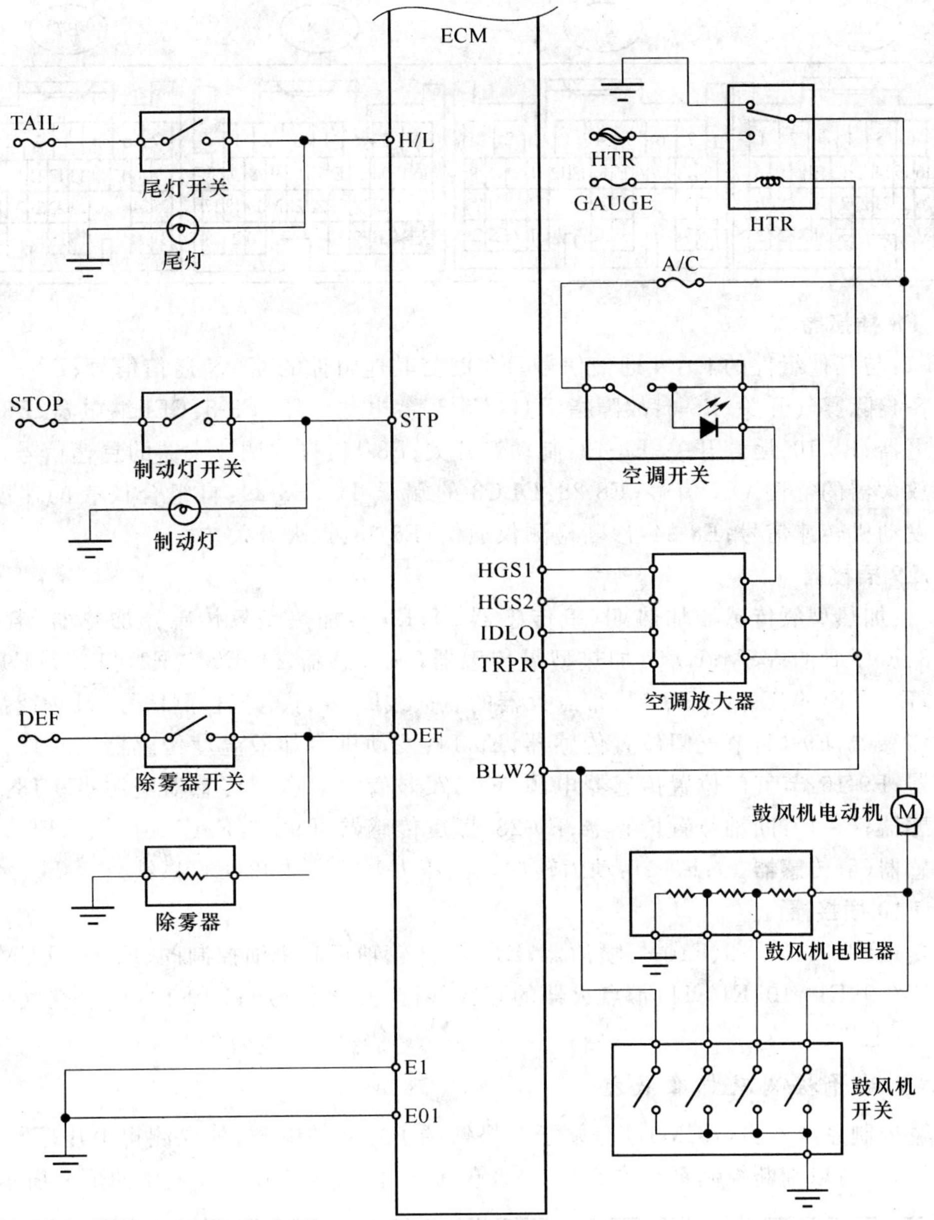

二、计算机端子图

（一）端子定义

1. E7 插接器

E7-4：指变速器控制 ECU 的发动机转速信号；E7-6：与变速器控制 ECU 的 CAN 通信信号；E7-7：与变速器控制 ECU 的 CAN 通信信号；E7-9：E01（搭铁）；E7-14：3 号风扇继电器；E7-15：燃油泵控制；E7-17：1 号风扇继电器；E7-26：启动机信号；E7-29：至空调放大器的发动机转速信号；E7-30：至空调放大器的空调切断请求信号。

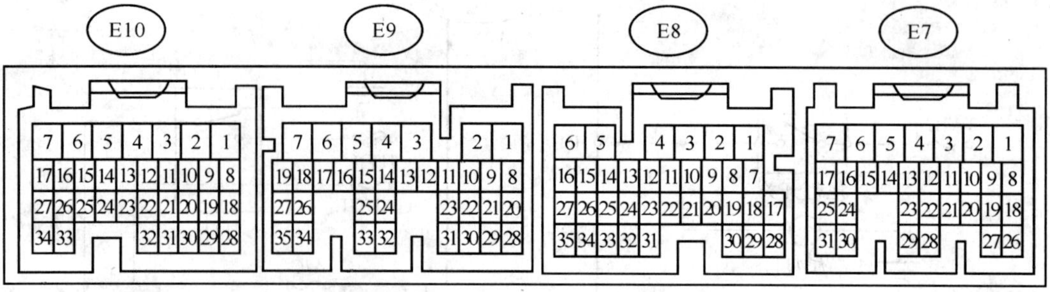

2. E8 插接器

E8-1：与其他组件的 CAN 通信信号；E8-2：与其他组件的 CAN 通信信号；E8-3：鼓风机开关；E8-4：除雾气开关；E8-6：故障指示灯；E8-7：蓄电池电压；E8-8：EFI 继电器；E8-9：2 号风扇继电器；E8-10：尾灯开关；E8-12：制动灯开关；E8-15：自空调放大器的怠速信号；E8-16：自空调放大器的空调 ON 信号；E8-28：DLC3 的端子 TC；E8-29：自组合仪表的速度信号；E8-33：发动机转速信号；E8-34：诊断检测仪通信；E8-35：点火开关。

3. E9 插接器

E9-1：加热型氧传感器加热期（氧传感器 2）；E9-2：加热型氧传感器加热器（氧传感器 1）；E9-3：EVAP 的 VSV；E9-5：加热型氧传感器（氧传感器 2）；E9-6：E2（搭铁）；E9-7：E01（搭铁）；E9-8、E9-9、E9-10、E9-11：带点火器的点火线圈（离子电流检测信号）；E9-12：歧管绝对压力传感器；E9-13：节气门位置传感器；E9-14：发动机冷却液温度传感器；E9-15：进气温度传感器；E9-16：节气门位置传感器电源；E9-17：歧管绝对压力传感器电源；E9-18：凸轮轴位置传感器；E9-19：曲轴位置传感器；E9-28：爆震传感器；E9-29：E2PM（搭铁）；E9-30：加热型氧传感器（氧传感器 1）；E9-31：动力转向机油压力开关；E9-32：E1（搭铁）。

4. E10 插接器

E10-1、E10-2、E10-3、E10-4：喷油器；E10-6：凸轮轴正时机油控制阀；E10-7：ECM 电源；E10-8、E10-9、E10-10、E10-11：带点火器的点火线圈（点火信号）；E10-13：怠速空气控制阀；E10-34：发电机。

（二）端子检测及标准数据

测量控制系统本身（ECM）部分端子与搭铁端子之间的电压，如果测得电压不符合标准正常电压，就可以判断控制系统本身（ECM）有问题，检测端子和标准电压如下表所示。

端子区	端子与端子	接线颜色	测试条件	标准电压
E7 插接器	E7-14-E01(E9-7)	B-W-B	空调 ON 时发动机怠速运转 散热器风扇 OFF	低于 1.0 V 11～14 V
	E7-15-E 01(E9-7)	G-W-B	点火开关 ON(发动机不运转)	11～14 V
			怠速运转	低于 2.0 V
	E7-17-E01(E9-7)	W-L-W-B	散热器风扇 ON 散热器风扇 OFF	低于 1.0 V 11～14 V
	E7-26-E1(E9-32)	B-GR	发动机运转 怠速运转	6 V 或更高 低于 0.5 V
	E7-30-E1(E9-32)	P-GR	启动发动机和空调开关 OFF	低于 1.0 V

续表

端子区	端子与端子	接线颜色	测试条件	标准电压
E8插接器	E8-3-E1(E9-32)	L-GR	鼓风机开关ON 鼓风机开关OFF	低于0.5 V 11～14 V
	E8-4-E1(E9-32)	B-W-GR	除雾器开关ON 除雾器开关OFF	11～14 V 低于0.5 V
	E8-6-E01(E9-7)	Y-R-W-B	MIL亮起 MIL熄灭	低于1.0 V 11～14 V
	E8-7-E1(E9-32)	B-Y-GR	始终	11～14 V
	E8-8-E1(E9-32)	GR-GR	点火开关ON	低于1 V
	E8-9-E01(E9-7)	W-L-W-B	散热器风扇ON 散热器风扇OFF	低于1.0 V 11～14 V
	E8-10-E1(E9-32)	G-GR	尾灯亮起 尾灯熄灭	11～14 V 低于0.5 V
	E8-12-E1(E9-32)	G-Y-GR	踩下制动踏板 松开制动踏板	11～14 V 低于0.5 V
	E8-15-E1(E9-32)	L-GR	环境温度低时鼓风机开关ON	低于1.0 V
	E8-16-E1(E9-32)	B-W-GR	空调ON时怠速运转	低于1.0 V
	E8-28-E1(E9-32)	Y-B-GR	点火开关ON	11～14 V
	E8-35-E1(E9-32)	B-R-GR	点火开关ON	11～14 V
E9插接器	E9-1-E1(E9-32) E9-2-E1(E9-32)	L-GR R-GR	怠速运转 点火开关ON	低于3.0 V 11～14 V
	E9-3-E01(E9-7)	B-W-W-B	点火开关ON	11～14 V
	E9-8-E1(E9-32) E9-9-E1(E9-32) E9-10-E1(E9-32) E9-11-E1(E9-32)	B-GR BR-GR G-W-GR L-W-GR	点火开关ON	4.5～5.5 V
	E9-12-2PM(E9-29)	R-W-R-L	传感器空气排出 怠速运转	3.1～4.1 V 1.2～2.0 V
	E9-13-E2(E9-6)	LG-BR	点火开关ON,松开加速踏板 点火开关ON,踩下加速踏板	0.4～0.8 V 3.2～4.8 V
	E9-14-E2(E9-6)	V-BR	发动机暖机后,发动机冷却液温度60～120 ℃	0.3～1.3 V
	E9-15-E2(E9-6)	G-W-BR	怠速、进气温度为20 ℃ 怠速、进气温度为60 ℃	0.5～3.4 V 0.2～1.0 V
	E9-16-E2(E9-6)	G-O-BR	点火开关ON	4.5～5.5 V
	E9-17-E2PM(E9-29)	L-R-R-L	点火开关ON	4.5～5.5 V
	E9-31-E1(E9-32)	Y-GR	机油压力开关ON 机油压力开关OFF	低于0.5 V 11～14 V

续表

端子区	端子与端子	接线颜色	测试条件	标准电压
E10插接器	E10-1-E01(E9-7) E10-2-E01(E9-7) E10-3-E01(E9-7) E10-4-E01(E9-7)	W-W-B W-R-W-B W-L-W-B W-G-W-B	点火开关 ON	11～14 V
	E10-7-E1(E9-32)	B-Y-GR	点火开关 ON	11～14 V
	E10-8-E1(E9-32) E10-9-E1(E9-32) E10-10-E1(E9-32) E10-11-E1(E9-32)	L-GR V-GR R-GR G-GR	点火开关 ON	低于 0.5 V
	E10-34-E1(E9-32)	W-GR	点火开关 ON	11～14 V
搭铁端子	E1(E9-32) E01(E9-7)	GR W-B	车身搭铁 车身搭铁	小于 1 Ω
	E2(E9-6)-E1(E9-32) E2PM(E9-29)-E1(E9-32)	BR-GR R-L-GR		小于 1 Ω

（三）配线颜色字母代码含义

B＝黑色；L＝蓝色；R＝红色；BR＝棕色；LG＝浅绿色；V＝紫色；G＝绿色；O＝橙色；W＝白色；GR＝灰色；P＝粉红色；Y＝黄色；SB＝天蓝色。

第一个字母表示配线基本颜色，第二个字母表示条纹颜色（例如：W-R 表示底色为白色，色条为红色）。

三、故障症状表

症状	可疑部位
发动机不能运转(不能启动)	启动机 启动机继电器 驻车挡/空挡位置开关(自动挡车) 启动机信号电路
无初始燃烧(不能启动)	ECM 电源电路 点火系统 燃油泵控制电路 喷油器 曲轴位置传感器 凸轮轴位置传感器 VC 输出电路 ECM
不能完全燃烧(不能启动)	燃油泵控制电路 点火系统 喷油器

续表

症状	可疑部位
发动机运转正常但启动困难	启动机信号电路 IAC 阀电路 燃油泵控制电路 点火系统 喷油器 火花塞 压缩
发动机冷机时启动困难	启动机信号电路 IAC 阀电路 燃油泵控制电路 点火系统 喷油器 火花塞
发动机暖机时启动困难	启动机信号电路 IAC 阀电路 燃油泵控制电路 点火系统 喷油器 火花塞
初始怠速异常(怠速不良)	IAC 阀电路
发动机怠速过高(怠速不良)	IAC 阀电路 ECM 电源电路 驻车挡/空挡位置开关(自动挡车) 空调信号电路
发动机怠速过低(怠速不良)	IAC 阀电路 燃油泵控制电路 驻车挡/空挡位置开关(自动挡车) 喷油器 压缩 进气系统 通风阀和软管
怠速不稳(怠速不良)	IAC 阀电路 燃油泵控制电路 点火系统 喷油器 压缩 进气系统 通风阀和软管
抖动(怠速不良)	IAC 阀电路 ECM 电源电路 燃油泵控制电路 通风阀和软管

续表

症状	可疑部位
喘抖/加速不良(操纵性能差)	燃油泵控制电路 点火系统 喷油器 火花塞 IAC 阀电路 压缩 进气系统 自动变速驱动桥总成
放炮(操纵性能差)	点火系统 喷油器 火花塞 歧管绝对压力传感器 发动机冷却液温度传感器 燃油压力 氧传感器电路或排气系统漏气 ECM
喘振(操纵性能差)	点火系统 喷油器 火花塞 燃油泵控制电路 压缩 可变气门正时系统
刚刚启动后发动机失速	IAC 阀电路 燃油泵控制电路 点火系统 喷油器 火花塞 可变气门正时系统 进气系统 压缩 通风阀和软管
松开加速踏板时发动机失速	IAC 阀电路 喷油器 ECM
将换挡杆从 N 换至 D 挡时发动机失速	IAC 阀电路 驻车挡/空挡位置开关(自动挡车)
仅在空调运行时发动机失速	空调信号电路 ECM

参考文献

[1] 解福泉.汽车典型电控系统构造与维修[M].北京:人民交通出版社,2005.

[2] 李春声.现代汽车技术[M].北京:人民交通出版社,2002.

[3] 李东江,张大成,胡飞.汽车电控系统的万用表检测[M].北京:机械工业出版社,2005.

[4] 李东江,张大成,许雄.汽车电控系统故障检修[M].北京:机械工业出版社,2002.

[5] 罗国玺.汽车电路分析[M].北京:北京交通大学出版社,2009.

[6] 黄太军.电动汽油泵及控制电路的检测.职业教育/培训教师博客.

[7] 宋福昌.汽车发动机电控系统故障检修图解[M].北京:电子工业出版社,2003.

[8] 王遂双.汽车电子控制系统的原理与检修[M].北京:北京理工大学出版社,2006.

[9] 叮鸣朝.汽车故障维修实例[M].北京:电子工业出版社,2009.

[10] 齐志鹏.汽车传感器和执行器的原理与检修[M].北京:人民邮电出版社,2002.

[11] 汪立亮,杨昌明,王国荣.汽车电控系统故障诊断检修实例[M].北京:金盾出版社,2003.

[12] 舒华,姚建军.汽车电控系结构原理检修[M].北京:人民邮电大学出版社,2002.

[13] 曾建谋.新型汽车电控汽油喷射系统结构与检修[M].广州:广东科技出版社,2004.

[14] 郑淑玲.富康轿车几种特有装置的正确使用[J/OL].全文电子期刊库.

[15] 丰田维修手册.

[16] 朱军.电控汽车维修技术讲座.